오!늘부터

초등 한국사 독해왕 ①

신수정 권민서 지음

차 례

1주 나라를 세운 사람들

1	사람이 되고 싶었던 곰과 호랑이	12
2	활을 잘 쏘아 미움받은 아이	16
3	아버지의 증표를 찾은 유리	20
4	십제 말고, 백제라고 부르자	24
5	알에서 태어난 박혁거세와 김수로	26

나는 역사왕① 왜 하필 알에서 태어났을까?   30

2주 삼국시대 사랑이야기

6	호동 왕자와 낙랑 공주	34
7	연오랑과 세오녀	36
8	돌이 된 아내	38
9	평강 공주와 온달 장군	40
10	마를 캐는 아이 서동과 선화 공주	44

나는 역사왕② 삼국의 황금빛 유물   48

3주 삼국을 지킨 사람들

11	만주 벌판을 달린 광개토 대왕과 장수왕	52
12	을지문덕의 살수대첩	56
13	안시성을 지킨 양만춘	60

14	계백과 관창의 황산벌 전투	62
15	신비한 피리, 만파식적	66
나는 역사왕③ 꽃보다 화랑		70

4주 나라의 이름을 드높인 사람들

16	살아 있는 그림을 그린 솔거	74
17	깨달음을 찾아서, 원효와 혜초	76
18	아름다운 불국사에 전해지는 이야기	80
19	바다의 왕, 장보고	84
20	당나라에서 꿈을 펼친 최치원	88
나는 역사왕④ 꼬레아! 꼬레아!		92

5주 고려를 지킨 사람들

21	말솜씨로 거란을 무찌른 서희	96
22	될성부른 나무, 강감찬	100
23	여진족을 무찌른 윤관의 지혜	104
24	흙을 먹는 남자, 최무선	108
25	목화로 백성을 따뜻하게 한 문익점	112
나는 역사왕⑤ 한국사 키워드를 찾아라!		114

도움 답안   118

한국사 키워드 카드   129

예비 독해왕 친구들에게

친구들, 안녕하세요! 모두들 만나서 반가워요.
이 책은 한국사를 쉽게 이해할 수 있게 재미있는 이야기로 풀어낸 책이에요. 한국사라니, 벌써부터 지루하고 머리가 아픈 것 같다고요? 하하, 너무 걱정 마세요. 한국사 속 인물들의 흥미진진한 이야기를 읽다 보면 지루함은 저 멀리 날아가고, 한국사의 재미에 푹 빠질 테니까요!

오늘부터 우리는 5주 동안 하루에 한 명씩 한국사 속 주요 인물들을 만날 거예요. 그들이 살았던 시대에는 어떤 일들이 있었을까요? 그리고, 어려움에 부딪쳤을 때 그들은 어떻게 해결했을까요?
앞으로 펼쳐질 이야기 속에는 역사 속 인물들의 슬기와 지혜가 담겨 있답니다. 그리고 그들이 어려운 상황에서 어떻게 행동했는지를 보며 교훈을 얻을 수도 있어요. 이 책을 다 공부하고 나면 역사 속 인물들을 전보다 더 잘 이해할 수 있게 될 거예요.

참, 한국사 이야기를 읽을 때는 공부에 대한 부담은 잠시 내려놓으세요. 암기 시험이 아니니 내용을 외우려고 애쓰면서 읽지 않아도 괜찮아요. 전래동화를 읽는 것처럼 즐기면서 재미있게 이야기를 따라가다 보면 자연스럽게 한국사의 흐름을 알게 되고, 배경 지식도 차곡차곡 쌓일 거예요.

재미있는 이야기 한 편을 읽은 후에는 독해 문제를 풀며 내용을 확인해 보세요. '독해'는 '글을 읽고 이해하는 것'을 말해요.
독해력을 기르면 글의 내용을 잘 이해할 수 있고, 논리적으로 글을 이해하는 힘이 생기지요. 이 책에는 '주제 찾기', '어휘 이해', '내용 이해', '구조 파악', '추론하기' 등 다양한 독해 원리가 담긴 문제가 들어 있어요.
이야기의 중심 내용을 찾고, 이야기 속에서 일이 일어난 순서를 생각해 보고, 인물이 어떤 행동을 한 이유를 찾는 연습을 해 보는 것이지요. 문제를 풀기 위해 내용을 외우거나 하지 않아도 괜찮아요. 내용이 잘 떠오르지 않으면 언제든 앞 장으로 돌아가 이야기를 확인해도 좋답니다.

'한국사'라는 말은 어렵게만 느껴지지요. 하지만 역사 속 인물들의 재미있는 이야기와 함께한다면 더 이상 어렵지 않아요. 매일매일 꾸준하게 이야기를 읽고 확인하는 연습을 하다 보면 어느새 한국사 지식과 독해 실력이 쑥쑥 자라 있을 거예요. 아마도 이 책을 다 공부하고 난 뒤에는 한국사를 더 좋아하게 될걸요?

다음 장을 넘기면 어떤 역사 속 인물이 우리를 기다리고 있을까요?
설레는 마음을 안고 이제 신나는 한국사 이야기 여행을 떠나 봐요!

이 책의 활용

한국사 키워드
핵심 키워드를 한 번에 콕콕!
한국사 이야기 속 핵심 주제를 정리한 키워드로, 맥락을 한눈에 꿰어요.

낱말 속뜻풀이
속뜻 풀이로 어려운 어휘도 척척!
한자의 뜻을 이용한 속뜻 풀이로 어려운 낱말도 한번에 이해해요!

나는 역사왕
놓치지 말아야 할 이야기!
시대별로 꼭 알아야 할 역사 이야기를 담았어요. 궁금했던 호기심이 싹 풀려요!

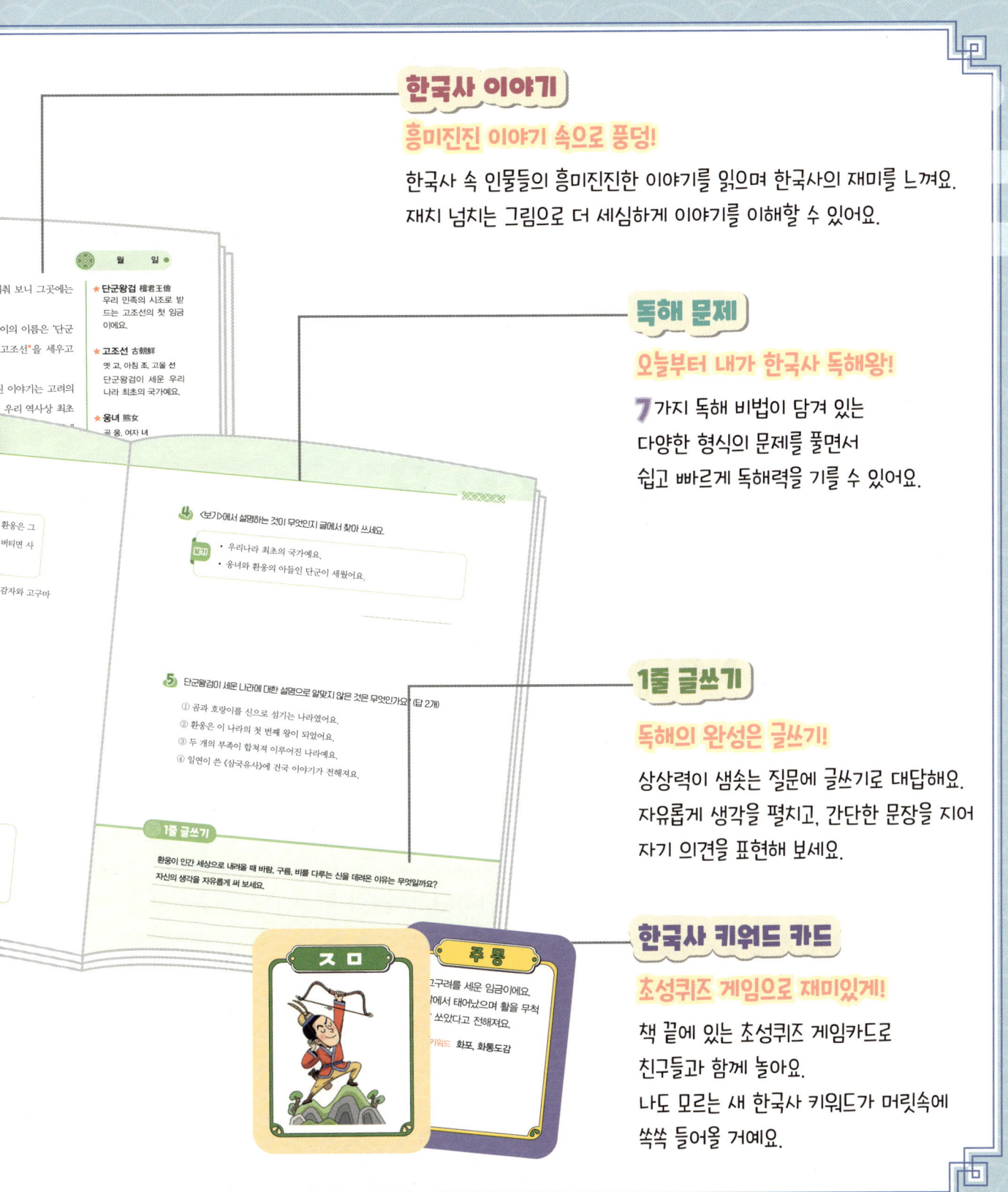

한국사 이야기
흥미진진 이야기 속으로 풍덩!
한국사 속 인물들의 흥미진진한 이야기를 읽으며 한국사의 재미를 느껴요.
재치 넘치는 그림으로 더 세심하게 이야기를 이해할 수 있어요.

독해 문제
오늘부터 내가 한국사 독해왕!
7가지 독해 비법이 담겨 있는
다양한 형식의 문제를 풀면서
쉽고 빠르게 독해력을 기를 수 있어요.

1줄 글쓰기
독해의 완성은 글쓰기!
상상력이 샘솟는 질문에 글쓰기로 대답해요.
자유롭게 생각을 펼치고, 간단한 문장을 지어
자기 의견을 표현해 보세요.

한국사 키워드 카드
초성퀴즈 게임으로 재미있게!
책 끝에 있는 초성퀴즈 게임카드로
친구들과 함께 놀아요.
나도 모르는 새 한국사 키워드가 머릿속에
쏙쏙 들어올 거예요.

1주
나라를 세운 사람들

우리가 사는 한반도에는 아주 오래전부터 여러 나라가 있었어요. 고조선과 부여, 고구려, 백제, 신라, 가야 등 이 나라들은 어떻게 생겨났을까요? 사람이 된 곰 이야기, 알에서 태어난 왕의 이야기 등 신비한 이야기를 함께 따라가 봐요.

🏵 학습 내용

| 1 | 사람이 되고 싶었던 곰과 호랑이 | ★ 환웅과 웅녀
★ 단군왕검
★ 고조선 | 월 일 |

| 2 | 활을 잘 쏘아 미움받은 아이 | ★ 주몽
★ 동부여
★ 유화와 해모수
★ 고구려 | 월 일 |

| 3 | 아버지의 증표를 찾은 유리 | ★ 유리왕 | 월 일 |

| 4 | 십제 말고, 백제라고 부르자 | ★ 비류와 온조
★ 위례성 | 월 일 |

| 5 | 알에서 태어난 박혁거세와 김수로 | ★ 박혁거세
★ 신라
★ 구지가
★ 김수로
★ 육가야 | 월 일 |

1. 사람이 되고 싶었던 곰과 호랑이

★ **환웅 桓雄**
우리 고대 신화에 전해 내려오는 하늘 신의 이름은 환인으로, 환웅은 그의 아들이에요.

옛날 옛적, 하늘 신(환인)의 아들인 환웅*은 늘 인간 세상을 굽어보며 인간 세상을 다스리고 싶어 했어요. 그래서 하늘 신은 환웅에게 세상에 내려가 인간 세상을 다스리는 왕이 되라고 했어요. 그리하여 환웅은 바람 신, 비 신, 구름 신을 데리고 땅으로 내려가 사람들이 평화롭게 살 수 있도록 해 주었어요. 그렇게 환웅이 인간 세상을 다스리고 있던 어느 날, 곰과 호랑이가 환웅을 찾아왔어요.

"환웅님, 저희는 오랫동안 사람이 되길 꿈꿨습니다. 하오니 저희를 사람으로 만들어 주십시오."

그러자 환웅은 쑥 한 자루와 마늘 스무 쪽을 주며 이렇게 말했답니다.

"이것을 먹으며 백 일 동안 햇빛을 보지 않으면 사람이 될 것이다."

곰과 호랑이는 그길로 동굴 속으로 들어갔어요.

곰과 호랑이는 햇빛을 피해 어두컴컴한 동굴에 머무르며 쑥과 마늘만 먹었지요. 그런데 하루 이틀이 지나자 호랑이는 안절부절못했어요. 좁은 동굴 속에 갇혀 지내는 것이 너무 답답했거든요.

"푸른 들판을 마음껏 뛰어다니고 싶어. 신선한 고기도 먹고 싶고…"

"호랑이야, 조금만 더 참으면 사람이 될 수 있어. ㉠고생 끝에 낙이 온다고 하잖아. 그러니까 조금만 더 참자."

"곰아, 미안해. 나는 답답해서 더는 못 견디겠어."

결국 호랑이는 동굴을 뛰쳐나가고 말았어요. 한편 동굴에서 잘 견딘 곰은 21일

만에 사람이 되었죠. 동굴을 나온 곰이 연못에 얼굴을 비춰 보니 그곳에는 아리따운 여인의 모습이 있었어요.

이후 곰 여인은 환웅과 결혼하여 아이를 낳았어요. 아이의 이름은 '단군왕검*'이었어요. 단군왕검은 우리 역사상 최초의 나라인 고조선*을 세우고 왕이 되었어요.

그런데 이런 일이 진짜로 있었을까요? 고조선이 세워진 이야기는 고려의 스님 일연이 쓴 역사책인 《삼국유사*》에 전해지고 있어요. 우리 역사상 최초의 나라인 고조선을 세운 단군왕검은 하늘 신의 아들 환웅과 웅녀* 사이에서 태어났다고 기록되어 있어요. 웅녀는 원래 곰이었으나 쑥과 마늘을 먹고 사람이 된 여인이지요.

이 이야기는 당시 상황을 동화처럼 꾸며 낸 것으로, 여기서 웅녀는 당시 부족 중 '곰'을 섬기는 부족의 여인을 나타내요.

고조선이 세워질 무렵은 여러 곳에서 부족이 무리지어 살 때였어요. 당시 각 부족들은 자연물을 신으로 모시며 부족의 평안을 빌었어요. 어떤 부족은 자신들의 족장이 하늘 신의 아들이라고 믿기도 했어요. 또 어떤 부족들은 곰이나 호랑이 같은 동물들을 신으로 섬겼지요.

이 이야기에서 환웅과 웅녀의 결혼은 하늘 신의 아들을 대표자로 둔 부족과 곰을 믿는 부족이 합쳐진 것을 뜻해요. 이렇게 두 부족이 합쳐져 하나의 나라를 이루고, 단군왕검이 고조선의 첫 번째 왕이 된 것이에요.

★ **단군왕검** 檀君王儉
우리 민족의 시조로 받드는 고조선의 첫 임금이에요.

★ **고조선** 古朝鮮
옛 고, 아침 조, 고울 선
단군왕검이 세운 우리나라 최초의 국가예요.

★ **웅녀** 熊女
곰 웅, 여자 녀
고조선 건국 신화에 나오는 단군왕검의 어머니예요. 원래 곰이었으나 쑥과 마늘을 먹고 사람이 된 여인으로, 환웅과 결혼해 단군왕검을 낳았어요.

★ **삼국유사** 三國遺事
석 삼, 나라 국, 남길 유, 일 사
고려의 스님인 일연이 쓴 역사책으로, 고구려, 백제, 신라의 역사가 기록돼 있어요.

확인 문제

1 다음 빈칸에 들어갈 알맞은 말은 무엇인가요?

> 사람이 되고 싶었던 곰과 호랑이는 환웅을 찾아갔어요. 그러자 환웅은 그들에게 백 일 동안 동굴 속에서 □□□□ 만 먹으면서 버티면 사람이 될 수 있다고 하였어요.

① 무와 고추　　② 쑥과 마늘　　③ 양파와 당근　　④ 감자와 고구마

2 밑줄 친 속담 ㉠ <u>고생 끝에 낙이 온다</u>의 뜻으로 알맞은 것은 무엇인가요?

① 무슨 일이든지 그 일의 시작이 중요하다.
② 어려운 일을 겪고 나면 반드시 좋은 일이 생긴다.
③ 위급한 상황이라도 정신만 차리면 위기를 벗어날 수 있다.
④ 어떤 일을 이루기 위해서는 자신의 노력이 가장 중요하다.

3 이 글에서 일이 일어난 순서에 알맞게 기호를 쓰세요.

> ㉠ 사람이 된 곰 여인과 환웅이 결혼하여 아들을 낳았어요.
> ㉡ 하늘 신의 아들 환웅이 인간 세상을 다스리러 내려왔어요.
> ㉢ 곰과 호랑이가 환웅에게 사람이 되게 해 달라고 부탁했어요.
> ㉣ 단군왕검이 우리 역사상 최초의 나라를 세우고 왕이 됐어요.

4 <보기>에서 설명하는 것이 무엇인지 글에서 찾아 쓰세요.

> 보기
> - 우리나라 최초의 국가예요.
> - 웅녀와 환웅의 아들인 단군 왕검이 세웠어요.

5 단군왕검이 세운 나라에 대한 설명으로 알맞지 않은 것은 무엇인가요? (답 2개)

① 곰과 호랑이를 신으로 섬기는 나라였어요.
② 환웅은 이 나라의 첫 번째 왕이 되었어요.
③ 두 개의 부족이 합쳐져 이루어진 나라예요.
④ 일연이 쓴 《삼국유사》에 건국 이야기가 전해져요.

1줄 글쓰기

환웅이 인간 세상으로 내려올 때 바람, 구름, 비를 다루는 신을 데려온 이유는 무엇일까요?
자신의 생각을 자유롭게 써 보세요.

2. 활을 잘 쏘아 미움받은 아이

★ **동부여** 東夫餘
먼 옛날 두만강 유역에 있던 나라예요.

★ **유화** 柳花
물의 신 하백의 딸이며, 고구려를 세운 주몽(동명성왕)의 어머니예요.

고조선이 멸망한 뒤, 지금의 중국 쑹화강 부근에 동부여*라는 나라가 생겨났어요. 어느 날 동부여의 금와왕이 사냥을 나갔다가 유화*라는 여인을 만났어요.

"저는 물의 신 하백의 딸입니다. 저는 하늘 신의 아들 해모수*를 만나 사랑에 빠졌지요. 그런데 해모수는 저를 두고 하늘로 올라가 버렸고, 아버지 하백은 노여움을 참지 못하고 저를 땅으로 내쫓았답니다."

유화를 불쌍히 여긴 금와왕은 그녀를 궁으로 데려왔어요.

그런데 어느 날부터인가 신비한 햇빛이 유화를 계속 비추었어요. 유화는 곧 임신을 하게 되었는데, 몇 달이 지난 뒤 커다란 알을 낳았지요. 이 사실을 알게 된 금와왕은 크게 화를 냈어요.

"이는 곧 우리 왕국에 불길한 일이 생길 징조다. 당장 알을 내다 버려라!"

유화는 울면서 금와왕에게 빌었지만, 소용없었어요. 신하들은 알을 근처 숲에 갖다 버렸어요. 그런데 참으로 이상한 일이지요? 숲속 동물들이 그 알을 품으며 소중히 지켜 주는 것이 아니겠어요? 이 이야기를 들은 금와왕과 신하들은 다시 궁으로 알을 가지고 왔어요.

그리고 얼마 지나지 않아 알을 깨고 건강한 사내아이가 태어났어요. 이 아이가 바로 주몽*이에요. 주몽은 부여말로 '활을 잘 쏘는 사람'이라는 뜻이에요. 주몽은 이름처럼 활 쏘는 실력이 뛰어나 무엇이든 백발백중이었어요.

'모난 돌이 정 맞는다'고 금와왕의 일곱 아들은 주몽을 질투하여 금와왕과 주몽을 이간질했어요. 그래서 금와왕은 주몽에게 고된 일을 시켰어요.

"오늘부터 마구간에서 말을 돌보거라!"

주몽은 푸대접을 받으면서도 성실하게 말을 돌보았어요. 얼마 후 금와왕이 마구간을 둘러보았어요.

낱말
멸망 滅亡 꺼질 멸, 망할 망 망하여 없어짐.
불길 不吉 아닐 불, 길할 길 운수 따위가 좋지 아니함.
징조 徵兆 부를 징, 조 조 어떤 일이 일어날 것 같은 분위기나 느낌.

"말을 아주 잘 돌보고 있었구나. 그런데 저 말은… 그동안 고생하였으니 저 말은 네가 가지거라!"

금와왕은 가장 야윈 말을 주몽에게 주었어요. 주몽은 불평하지 않고 말을 정성껏 돌보았고, 얼마 지나지 않아 말은 토실토실하게 살이 찌고 반지르르하게 윤기가 돌았지요.

이처럼 주몽이 금와왕의 믿음을 얻자, 일곱 왕자는 주몽이 자신들을 밀어내고 왕위에 오를까 봐 주몽을 아주 미워했어요. 이 사실을 알게 된 어머니 유화는 주몽을 불러 말했어요.

"이곳에는 너를 시기하는 사람들이 너무 많다. 그러니 부여를 떠나 다른 곳으로 가서 네 뜻을 마음껏 펼치며 살거라."

주몽은 절친한 세 친구와 함께 부여를 떠났어요. 주몽 일행이 부여를 떠나자, 이를 눈치챈 일곱 왕자는 사람을 보내 주몽을 쫓았어요. 주몽은 추격꾼들을 따돌리며 엄호수라는 강가에 다다랐어요. 주몽은 하늘을 향해 큰 소리로 외쳤어요.

"나는 하늘 신과 물의 신 하백의 손자, 주몽이다! 내가 강을 건널 수 있도록 해 다오!"

주몽의 목소리가 하늘에 닿은 걸까요? 주몽의 말이 끝나자 물고기와 자라들이 물 위로 떠올라 다리를 만들어 주었어요. 주몽은 그 다리를 밟고 무사히 강을 건넜어요. 하지만 추격꾼들은 그저 강 건너편에서 발만 동동 구를 뿐이었지요. 물고기와 자라가 뿔뿔이 흩어져 버렸거든요.

무사히 동부여를 떠나 이웃 나라인 졸본으로 도망친 주몽은 그곳에서 고구려*를 세우고 자신의 성을 고(高)씨로 정했지요. 그리하여 주몽은 고구려의 첫 번째 왕인 '동명성왕'이 되었답니다.

  월   일

★ **해모수** 解慕漱
　하늘 신의 아들이며, 주몽의 아버지예요.

★ **주몽** 朱蒙
　고구려를 세운 임금이에요. 알에서 태어났으며 활을 무척 잘 쏘았다고 전해져요.

★ **고구려** 高句麗
　주몽이 졸본에 세운 나라로, 우리나라 고대 삼국 가운데 하나예요.

확인 문제

 이 글의 내용과 맞는 것에는 ○표, 틀린 것에는 X표 하세요.

(1) 금와왕이 알을 버린 후 궁궐에는 큰 재난이 닥쳤어요.

(2) 금와왕은 하백의 딸 유화를 가엾게 여겨 궁으로 데려왔어요.

(3) 하백의 딸과 하늘 신의 아들인 해모수는 사랑하는 사이였어요.

 유화의 아들이 '주몽'이라고 불린 이유는 무엇인가요?

① 활을 무척 잘 쏘았기 때문이에요.
② 커다란 알에서 태어났기 때문이에요.
③ 신기한 꿈을 꾼 뒤 태어났기 때문이에요.
④ 손에 활 모양의 점이 있었기 때문이에요.

 주몽이 특별한 아이라는 것을 알 수 있는 내용을 모두 찾아 기호를 쓰세요.

㉠ 커다란 알에서 태어났어요.
㉡ 알을 본 금와왕이 크게 화를 내었어요.
㉢ 금와왕이 살고 있는 궁궐에서 태어났어요.
㉣ 동물들이 알을 해치지 않고 지켜 주었어요.

4 주몽에 대한 설명으로 알맞은 것을 모두 찾아 선으로 이으세요.

주몽 •
- ㉠ 고구려의 첫 번째 왕인 동명성왕이에요.
- ㉡ 영리하고 용감하게 위기를 극복하였어요.
- ㉢ 금와왕의 뒤를 이어 동부여의 왕이 되었어요.

5 이 글에서 일이 일어난 순서에 알맞게 기호를 쓰세요.

㉠ 목숨에 위협을 느낀 주몽이 부여를 떠났어요.
㉡ 금와왕의 아들들이 주몽을 없애려고 했어요.
㉢ 졸본 땅에 새로운 나라인 고구려를 세웠어요.
㉣ 주몽이 위기에 처하자 강의 물고기와 자라가 그를 도왔어요.

☐ → ☐ → ☐ → ☐

1줄 글쓰기

주몽이 동부여를 무사히 떠날 수 있도록 물고기와 자라가 도와준 이유는 무엇일까요?
자유롭게 상상해서 써 보세요.

3. 아버지의 증표를 찾은 유리

주몽은 동부여에서 살 때 예씨 여인을 만나 결혼했어요. 하지만 주몽은 동부여를 떠났고, 예씨 부인은 그곳에 홀로 남아 아들 유리를 키우며 살았어요. 유리는 아버지가 계시지 않았지만 어머니가 슬퍼하실까 봐 더욱 씩씩하게 지냈답니다.

그러던 어느 날, 유리는 참새를 잡다가 실수로 그만 물동이를 깨뜨리고 말았어요. 화가 난 물동이 주인은 유리를 보며 혀를 찼어요.

"아버지가 없으니 뭘 보고 배웠겠어? 쯧쯧….."

㉠ 이 말을 들은 유리는 얼굴을 들 수가 없었어요. 그날 저녁, 유리는 너무 속이 상해서 어머니에게 아버지에 대해 물었어요. 예씨 부인은 유리에게 고구려의 왕 주몽이 아버지라는 것을 일러 주었어요.

"유리야, 아버지를 만나고 싶다면 일곱 모가 난 돌 위에 있는 소나무 밑을 찾아 보거라. 그곳에 네 아버지가 숨겨 놓은 증표가 있을 것이다."

유리는 어머니의 말을 듣고 아버지가 남긴 증표를 찾기 위해 온 산을 헤매고 다녔어요. 하지만 아무리 찾아다녀도 일곱 모가 난 돌 위에 있는 소나무를 찾을 수가 없었답니다.

"㉡ 잔디밭에서 바늘 찾기도 아니고, 소나무가 우거진 이 산에서 어떻게 아버지의 증표를 찾는단 말이야."

유리는 지친 몸으로 마루에 털썩 주저앉았어요. 그때 주춧돌과 기둥이 유리의 눈에 들어왔어요. 유리는 주춧돌이 칠각형이라는 사실을 알아차렸어요.

"그래, 바로 이거야! 일곱 모가 난 돌 위에 있는 소나무는 칠각형의 주춧돌 위에 있는 소나무 기둥을 말하는 거야."

 증표 證票 증거 증, 표 표 어떠한 사실이나 사건을 증명하거나 증거나 되는 표.

기둥 밑에는 부러진 칼 조각이 있었어요. 유리는 칼 조각을 들고 아버지를 만나러 갔어요.

"아버지, 제가 바로 유리입니다."

하지만 주몽은 유리의 말을 믿지 않았어요.

"네가 내 아들이라는 증표를 가져오너라."

유리는 주몽에게 기둥 아래서 찾은 칼 조각을 건넸어요.

주몽은 유리가 건넨 칼의 반쪽을 자신의 것과 맞추었어요.

"아니, 이럴 수가! 네가 진짜 내 아들 유리구나."

주몽은 완벽하게 하나가 된 칼을 보고 유리를 꼭 끌어안고 눈물을 흘렸어요.

이렇게 유리는 그토록 그리워하던 아버지를 만날 수 있었답니다. 그 후, 유리는 아버지의 뒤를 이어 고구려의 두 번째 왕인 유리왕*이 되었어요.

★ **유리왕 琉璃王**
주몽의 아들로서 고구려의 제2대 왕이에요.

확인 문제

1 유리에 대한 설명으로 알맞은 것을 모두 찾아 선으로 이으세요.

유리 •
- ㉠ 어린 시절 어머니와 단 둘이 살았어요.
- ㉡ 유리의 아버지는 동부여의 왕이었어요.
- ㉢ 주몽과 예씨 부인 사이에서 태어난 아이예요.

2 밑줄 친 ㉠에서 유리가 느꼈을 마음으로 알맞은 것을 찾아 기호를 쓰세요.

보기 ㉠ 미안한 마음 ㉡ 후련한 마음 ㉢ 창피한 마음 ㉣ 아쉬운 마음

3 이 글의 중심 내용으로 알맞은 것은 무엇인가요?

① 아버지 없이 외롭게 자란 유리
② 주춧돌에 숨겨져 있던 주몽의 증표
③ 아버지의 증표를 찾아 왕이 된 유리
④ 장난이 심해 어머니 속을 썩였던 유리

4 밑줄 친 속담 ⓒ 잔디밭에서 바늘 찾기의 뜻으로 알맞은 것은 무엇인가요?

① 한 가지 일로 두 가지 이익을 본다.
② 무엇을 찾기가 매우 어렵거나 불가능하다.
③ 가까이에 있는 것을 도리어 알아보지 못한다.
④ 어려운 일을 겪고 나면 반드시 좋은 일이 생긴다.

5 이 글의 주몽이 아래 질문을 듣고 할 말로 알맞은 것은 무엇인가요?

> 질문 유리가 찾아왔을 때 어떻게 아들이라는 것을 아셨습니까?

① 유리의 얼굴이 저와 꼭 닮았기 때문입니다.
② 유리가 가진 칼에 제 이름이 쓰여 있었기 때문입니다.
③ 유리가 가진 칼 조각이 제 것과 꼭 맞았기 때문입니다.
④ 유리에게서 저와 같은 신비한 힘을 느꼈기 때문입니다.

1줄 글쓰기

여러분이 주몽이라면 증표를 어디에 숨길 건가요? 증표를 숨길 장소를 정하고, 주몽처럼 수수께끼를 만들어 보세요.

4. 십제 말고, 백제라고 부르자

★ **비류** 沸流
주몽과 소서노의 첫째 아들. 고구려를 떠나 미추홀에 나라를 세웠어요.

★ **온조** 溫祚
주몽과 소서노의 둘째 아들. 고구려를 떠나 위례성에 나라를 세웠어요. 이 나라는 훗날 백제로 발전해요.

★ **위례성** 慰禮城
서울의 한강 북쪽과 남쪽에 있었던 백제의 첫 번째 수도예요.

부여를 떠난 주몽은 졸본에서 소서노와 결혼하여 비류*와 온조*, 두 아들을 낳았어요. 그런데 어느 날 부여에서 아들 유리가 오자 주몽은 그를 태자로 삼았어요. 굴러 온 돌이 박힌 돌 뺀다고, 태자 자리를 빼앗긴 비류와 온조는 자신들을 따르는 신하와 백성들을 이끌고 남쪽으로 내려갔어요.

나라를 세울 장소를 찾아 보던 둘은 의견이 엇갈렸어요. 비류는 미추홀(지금의 인천 근처)에 자리를 잡고 싶어 했고, 온조는 위례성*(지금의 서울 근처)에 자리를 잡으려고 했던 것이지요. 결국 둘은 각자 자기가 원하는 곳에 나라를 세우기로 했어요. 비류는 미추홀에 터를 잡았어요.

"이곳은 바다가 가까워서 해산물이 풍부할 거야. 이곳에 나라를 세울래!"

한편 온조는 한강 남쪽 위례성으로 향했어요.

"난 여기가 좋겠어! 이곳은 땅이 평평하고 한강이 있어 농사 짓기가 좋고, 뱃길이 있어 바다로 나가기도 좋거든."

열 명의 신하가 온조의 뒤를 따랐어요. 온조는 위례성에 나라를 세웠어요.

"열 명의 신하들과 함께하니, 나라 이름을 '십제'라고 하자!"

하지만 얼마 뒤, 비류와 함께 미추홀에 남았던 신하와 백성들이 위례성으로 왔어요. 왜냐하면 비류가 터를 잡은 미추홀은 땅에 물기가 너무 많고, 바다가 가까운 탓에 물이 짜서 농사를 짓고 살 수가 없었기 때문이에요.

비류는 오랫동안 후회를 하다가 그만 세상을 떠났고, 백성들은 위례성으로 옮겨온 것이지요.

이렇게 미추홀에 살았던 백성들까지 십제로 오자, 온조를 따르는 무리들이 더욱 많아졌어요.

"이렇게 나를 따르는 무리가 많다니. 십제는 그 이름이 너무 작다. 나라 이름을 '백제'로 바꾸자!"

삼국 시대를 이루던 백제는 이렇게 생겨났답니다.

확인 문제

1. 이 글의 내용과 맞는 것에는 ○표, 틀린 것에는 X표 하세요.

(1) 비류와 온조는 주몽과 소서노의 아들이에요.

(2) 비류와 온조는 함께 새로운 나라를 세웠어요.

(3) 비류와 온조는 왕위 다툼에서 져서 고구려를 떠났어요.

2. 이 글의 백성들이 할 말로 알맞은 것을 찾아 선으로 이으세요.

(1) 미추홀 백성들 •　　• ㉠ 평평한 땅이 있고 강물이 있으니 농사가 즐겁구나!

(2) 위례성 백성들 •　　• ㉡ 이곳은 물이 짜서 도저히 농사를 지을 수가 없어!

3. 이 글에서 일이 일어난 순서에 알맞게 기호를 쓰세요.

㉠ 비류와 온조는 각자 다른 곳에 나라를 세웠어요.
㉡ 비류와 온조가 새 나라를 세우기 위해 고구려를 떠났어요.
㉢ 비류가 세운 나라는 농사를 짓기 어려워 백성들이 힘들어했어요.
㉣ 비류를 따랐던 신하와 백성들이 온조를 따르면서 '백제'가 생겨났어요.

☐ → ☐ → ☐ → ☐

1줄 글쓰기

비류와 온조는 어떤 마음으로 고구려를 떠났을까요? 자신의 생각을 자유롭게 써 보세요.

5. 알에서 태어난 박혁거세와 김수로

★ **박혁거세** 朴赫居世
신라를 세운 임금이에요. 알에서 태어났다는 이야기가 전해져요.

★ **신라** 新羅
박혁거세가 경주에 세운 사로국이 훗날 신라로 발전하게 되었어요.

옛날 우리나라의 남쪽 경주 땅에는 여섯 개의 마을이 모여 평화롭게 살고 있었어요. 하지만 마을의 촌장들은 늘 불안했어요.

"외적이 쳐들어오면 우리가 힘을 합해 물리쳐야 하는데, 그러려면 우리를 잘 이끌어 줄 왕이 있어야 해."

그래서 여섯 촌장은 높은 산에 올라가 하늘을 향해 빌었어요.

"우리에게 왕을 보내 주십시오. 어질고 덕이 있어서 백성들의 마음을 잘 헤아릴 줄 아는 왕이면 좋겠습니다."

그때 갑자기 하늘에서 환한 빛이 나더니 나정이라는 우물을 향해 쏟아졌어요. 촌장들이 서둘러 달려가 보니, 수풀 사이에 흰말 한 마리가 다리를 꿇고 절을 하고 있는 것이 아니겠어요? 흰말은 촌장들을 보고 '히잉!' 하고 길게 울더니 하늘로 올라갔어요. 말이 사라진 뒤, 촌장들은 말이 절하던 곳으로 달려갔어요. 그곳에는 붉은 빛의 커다란 알이 하나 놓여 있었어요.

"이게 무슨 알이지?"

바로 그때, 알이 쩍 하고 갈라졌어요. 알 속에는 잘생긴 사내아이가 들어 있었어요. 촌장들은 기뻐하며 아이를 집에 데려왔어요.

"㉠ 지성이면 감천이라더니! 하늘이 이 아이를 우리의 왕으로 보내 주신 것입니다."

촌장들은 아이가 박처럼 생긴 큰 알에서 나왔다고 해서 박(朴) 씨 성을 붙였어요. 그리고 세상을 밝게 다스리라는 뜻으로 '혁거세*'라는 이름을 지어 주었답니다. 후에 박혁거세는 여섯 부족을 묶어 하나의 나라로 만들고 신라*의 왕이 되었어요.

 외적 外敵 바깥 외, 대적할 적 외국으로부터 쳐들어오는 적.

알에서 태어난 왕은 또 있어요. 지금의 낙동강 하류 지역에는 아홉 부족이 마을을 이루어 살고 있었어요. 어느 날, 마을 북쪽 언덕 구지봉에서 어떤 소리가 들렸어요.

"거기 누구 있느냐?"

마을 사람들이 그 소리를 듣고 대답했어요.

"네, 저희가 여기 있습니다."

그러자 하늘에서 다시 소리가 들렸어요.

"나는 하늘의 명령을 받고 이곳에 새 나라를 세우려고 한다. 너희가 나를 왕으로 맞고 싶다면 구지봉 꼭대기에서 땅을 두드리면서 노래를 부르고 춤을 추어라."

왕이 온다는 말에 사람들은 기뻐하며, 소리가 시키는 대로 노래를 부르고 춤을 추었어요.

> 거북아, 거북아, 머리를 내놓아라
> 내놓지 않으면 구워서 먹으리*

사람들이 노래를 부르고 춤을 추며 분위기가 무르익자, 하늘에서 자주색 끈이 내려왔어요. 그 끈에는 붉은 보자기에 싸인 금빛 상자가 매달려 있었어요. 상자 속에는 황금 알 여섯 개가 들어 있었지요. 촌장들은 그 알들을 가져다가 소중하게 돌보았어요.

그리고 며칠 뒤, 알 속에서 여섯 명의 사내아이가 나왔어요. 족장들은 아이들에게 황금 알에서 나왔다는 뜻으로 김(金) 씨 성을 붙였어요. 그리고 가장 먼저 태어난 아이에게는 수로*라는 이름도 지어 주었답니다. 이 아이들은 무럭무럭 자라 여섯 가야*를 세우고 백성들을 다스렸어요.

★ **구지가 龜旨歌**
거북이 구, 뜻 지, 노래 가 마을의 촌장들과 백성들이 김수로왕을 맞이하기 위해 불렀다고 전해지는 노래예요.

★ **김수로 金首露**
황금알에서 태어났다고 전해지는 가야의 첫 번째 임금이에요.

★ **육가야 六伽倻**
한반도 남쪽에 세워진 부족국가로, 금관가야, 대가야, 아라가야, 소가야, 성산가야, 고령가야의 여섯 나라를 말해요. 통일국가가 되지 못해 훗날 신라에 흡수되었어요.

확인 문제

1 박혁거세에 대한 설명으로 알맞은 것을 모두 찾아 선으로 이으세요.

박혁거세 •
- ㉠ 신라의 첫 번째 왕이에요.
- ㉡ 푸르고 커다란 알에서 태어났어요.
- ㉢ 여섯 촌장의 지지를 얻어 왕이 되었어요.

2 밑줄 친 속담 ㉠ <u>지성이면 감천</u>의 뜻으로 알맞은 것은 무엇인가요?

① 정성이 지극하면 하늘도 감동하여 도와준다.
② 어려운 일을 겪고 나면 반드시 좋은 일이 생긴다.
③ 어떤 일이든지 처음부터 단번에 만족할 수는 없다.
④ 안 될 것 같은 일도 여러 번 시도하면 결국 이루어진다.

3 혁거세의 성이 박으로 정해진 이유는 무엇인가요?

① 박처럼 생긴 알에서 태어났기 때문이에요.
② 아이의 얼굴이 박처럼 둥글었기 때문이에요.
③ 여섯 마을의 촌장의 성이 모두 박 씨였기 때문이에요.
④ 혁거세가 박처럼 단단한 아이로 자라길 바랐기 때문이에요.

이 글의 내용과 맞는 것에는 ○표, 틀린 것에는 X표 하세요.

(1) 가야를 세운 것은 김수로와 형제들이에요.

(2) 가야는 모두 아홉 개의 나라로 이루어져 있었어요.

(3) 김수로는 가야를 통일한 후 강한 나라로 키웠어요.

 아래를 읽고 이 글의 내용과 맞지 않는 것을 찾아 기호를 쓰세요.

하늘에서 황금 알 내려와

오늘 낮, ㉠ 구지봉에서 신비한 소리가 들렸다. 이 땅에 왕을 보내 준다는 소리에 아홉 촌장들이 달려갔다. 촌장들은 소리가 시키는 대로 "㉡ 사슴아, 사슴아, 머리를 내놓아라, 내놓지 않으면 구워서 먹으리." 하며 노래하고 춤을 췄다. 그러자 ㉢ 자주색 끈에 달린 금빛 상자가 내려왔는데, 그 안에 든 것은 ㉣ 여섯 개의 황금 알이었다. 촌장들은 현재 알을 소중히 지키고 있다.

1줄 글쓰기

만약 여러분이 가야 사람이 되어 후손들에게 왕의 탄생을 전한다면 이야기를 어떻게 꾸밀 건가요? 자유롭게 상상해서 써 보세요.

왜 하필 알에서 태어났을까?

고구려, 신라, 가야의 건국 신화에는 공통점이 하나 있어요. 바로 모든 나라의 왕이 알에서 태어났다는 것이지요. 고구려의 고주몽, 신라의 박혁거세, 가야의 김수로왕이 그렇죠. 백제를 세운 온조도 알에서 태어난 주몽의 아들이니 알 신화와 관련되어 있다고 생각할 수 있어요.

그런데 왜 하필 알일까요? 알은 주로 새가 낳지요? 옛날 사람들은 '새'를 하늘나라와 땅의 인간들을 이어 주는 신성한 동물로 여겼어요. 그래서 옛날, 각 나라의 왕들은 자신의 특별함을 강조하려고 스스로를 새처럼 신비로운 동물이 낳는 알에서 태어난 사람이라고 한 것이지요. 또, 하늘에서 내려온 알이니 신과 다름없다고 생각한 것이에요.

종교가 없던 옛날, 이 같은 왕의 탄생 신화는 왕의 위치를 더욱 튼튼하게 해 주었고, 백성들의 마음을 하나로 묶는 역할을 했답니다. 그래서 옛 나라들은 갈라지지 않고 오랫동안 이어져 올 수 있었지요.

▲ 천마도天馬圖

  그 외에도 신화 속에는 신비한 존재들이 많이 나와요. 삼족오나 기린, 청룡과 백호 같은 상상 속의 동물들은 나라를 지키고 행운을 가져다 주는 존재들이지요. 또 나라의 평화를 기원하는 노래를 들려주는 신선이나 사람들이 죽은 뒤 간다는 저승세계의 아름다움을 드러내는 연꽃 등은 모두 백성들의 마음을 안정시켜 주었어요. 이러한 존재들은 왕의 무덤에 그림으로 잘 그려져 있지요.

▶ 삼족오三足烏

31

2주 삼국시대 사랑 이야기

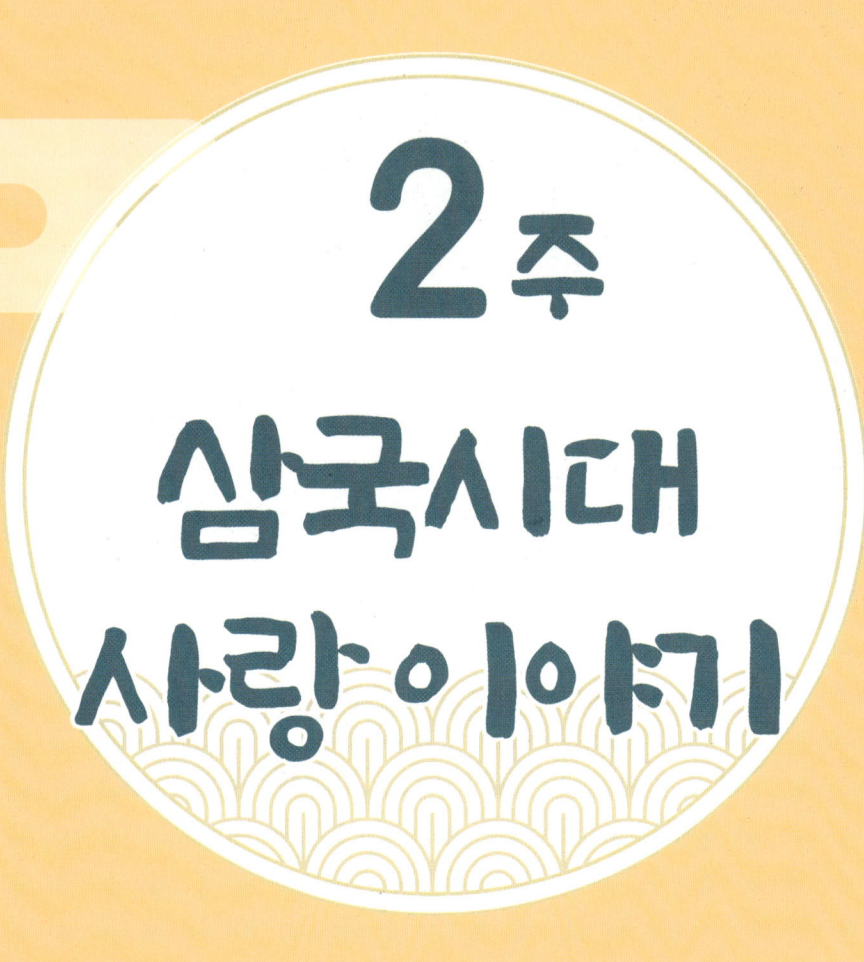

고구려, 백제, 신라, 가야에는 아름다운 사랑 이야기가 전해지고 있어요. 사랑하는 사람을 위해 북을 찢은 낙랑 공주, 바다 건너 땅에서 왕과 왕비가 된 연오랑과 세오녀 이야기 등 슬프고 아름다운 이야기 속으로 함께 떠나 봐요!

학습 내용

6	호동 왕자와 낙랑 공주	★ 호동 왕자 ★ 옥저 ★ 낙랑 공주 ★ 자명고	월 일
7	연오랑과 세오녀	★ 연오랑 ★ 세오녀 ★ 대화국	월 일
8	돌이 된 아내	★ 박제상 ★ 복호와 미사흔 ★ 망부석	월 일
9	평강 공주와 온달 장군	★ 평강 공주 ★ 온달 장군 ★ 아단성	월 일
10	마를 캐는 아이 서동과 선화 공주	★ 서동 ★ 서동요 ★ 선화 공주	월 일

6. 호동 왕자와 낙랑 공주

★ **호동 왕자** 好童王子
고구려의 제3대 대무신왕의 아들이에요. 낙랑 공주에게 자명고를 찢게 하고 낙랑에 쳐들어갔어요.

★ **옥저** 沃沮
우리나라의 옛 나라 가운데 함경도 함흥 지역에 있던 나라.

★ **낙랑 공주** 樂浪公主
낙랑국의 공주예요. 호동 왕자의 아내가 되고자 나라의 보물인 자명고를 찢었어요.

★ **자명고** 自鳴鼓
스스로 자, 울 명, 북 고
낙랑에 있었다고 하는 전설적인 북이에요.

    고구려 대무신왕의 아들 호동 왕자*는 어느 날 사냥을 하러 옥저* 땅에 갔다가 낙랑 지역을 다스리던 최리를 만나게 되었어요. 최리는 늠름하고 잘생긴 호동 왕자가 마음에 쏙 들었어요. 그래서 호동 왕자를 사위로 삼고자 했지요. 쇠뿔도 단김에 빼랬다고 최리는 낙랑국으로 호동 왕자를 초대했어요. 최리는 호동 왕자를 위해 성대한 잔치를 베풀었어요.
    그 자리에서 호동 왕자는 최리의 딸인 낙랑 공주*를 보자마자 첫눈에 반했어요. 둘은 곧 사랑에 빠졌어요. 하지만 낙랑은 고구려가 정복하려는 땅이었기 때문에 호동 왕자는 낙랑 공주를 아내로 맞을 수 없었어요. 고구려로 돌아간 호동 왕자는 낙랑 공주에게 편지를 보내 이렇게 전했어요.
    "곧 고구려군이 낙랑을 침략할 것이오. 전쟁이 크게 벌어지면 당신과 나는 어떻게 될지 모르오. 그러니 당신이 자명고를 찢어 놓으시오. 그러면 내가 낙랑을 조용히 무너뜨리고, 당신을 아내로 맞을 수 있을 것이오!"
    그동안 고구려는 낙랑을 여러 번 침략했지만, 낙랑의 보물인 자명고* 때문에 번번이 실패했어요. 자명고는 적이 쳐들어오면 스스로 북소리를 내는 신기한 북이었거든요. 낙랑 공주는 고민 끝에 몰래 자명고를 찢었답니다.
    이 소식을 들은 호동 왕자는 군대를 이끌고 낙랑으로 쳐들어갔어요. 최리는 고구려군이 궁궐로 몰려오고 있다는 보고를 받고 깜짝 놀랐어요.
    "아니, 어째서 자명고가 울리지 않았단 말인가!"
    최리는 낙랑 공주가 호동 왕자 때문에 자명고를 찢은 사실을 알게 되었어요. 최리는 딸의 배신에 화가 머리끝까지 났지만, 때는 이미 늦은 뒤였어요. 최리는 고구려에 항복했고, 낙랑은 역사 속으로 사라지게 되었어요.

 정복 征服 칠 정, 옷 복 남의 나라나 민족을 힘으로 무너뜨려 자신의 명령을 따르게 함.

확인 문제

1 이 글의 내용과 맞는 것에는 ○표, 틀린 것에는 X표 하세요.

(1) 호동 왕자는 결혼할 신부를 찾으려고 낙랑에 갔어요.

(2) 낙랑 공주는 호동 왕자가 낙랑을 공격할 수 있게 도왔어요.

2 이 글을 읽고 빈칸에 알맞은 말을 쓰세요.

> 낙랑에는 적군이 나타나면 저절로 울리는 _____ 가 있어서 주변 나라들이 함부로 쳐들어갈 수 없었어요.

3 이 글의 최리가 아래와 같이 말한다면 그 이유는 무엇인가요?

> **최리** 감히 낙랑을 배신하다니! 이 아버지는 너를 용서할 수 없구나!

① 낙랑 공주가 나라의 보물을 고구려로 가져갔기 때문이에요.
② 낙랑 공주가 허락도 없이 호동 왕자와 결혼했기 때문이에요.
③ 낙랑 공주가 호동 왕자를 찾아 고구려로 떠났기 때문이에요.
④ 낙랑 공주가 나라의 보물을 못 쓰게 망가뜨렸기 때문이에요.

1줄 글쓰기

만약 여러분이 낙랑 공주라면 호동 왕자의 편지를 받고 어떤 선택을 할 건가요? 자신의 생각을 자유롭게 써 보세요.

7 연오랑과 세오녀

★ **연오랑 延烏郞**
신라의 어부. 바위를 타고 대화국으로 건너가 왕이 되었다고 전해져요.

★ **세오녀 細烏女**
연오랑의 아내. 연오랑을 찾다가 바위를 타고 대화국에 가서 왕비가 되었다고 전해져요.

★ **대화국 大和國**
옛 일본의 지방에 위치해 있던 나라 이름이에요.

　신라 어느 바닷가 마을에 금슬 좋은 부부가 살았어요. 남편 연오랑*은 바닷가에서 고기를 잡고, 아내인 세오녀*는 비단을 짜며 생활했어요. 부부는 마음이 곱고 정답게 잘 지내서 마을 사람들 모두가 부러워했어요.

　그러던 어느 날 연오랑이 바닷가 바위에서 고기를 잡고 있을 때였어요. 갑자기 먹구름이 몰려오면서 날씨가 험해지더니 연오랑이 있던 바위가 슬슬 움직이기 시작했어요. 연오랑은 깜짝 놀라 털썩 주저앉았어요. 그때 하늘에서 소리가 들렸어요.

　"바위가 너를 안내할 것이다."

　연오랑이 잠깐 잠이 든 사이 바위는 물결을 타고 떠내려가다가 어느 바닷가에 다다랐어요. 연오랑이 주위를 살펴보니 옷차림도, 말도 다른 사람들이 연오랑을 에워싸고 있었어요. 바위가 동쪽으로 떠내려가 대화국*에 닿은 것이지요. 대화국 사람들은 바위를 타고 온 연오랑을 하늘이 보내준 사람으로 여겨 임금으로 삼았어요.

　연오랑은 대화국을 평화롭게 다스리며 사람들에게 존경을 받았어요. 하지만 늘 아내 세오녀에 대한 그리움으로 마음 한편이 아팠어요.

　한편 세오녀는 남편을 찾아 바닷가를 헤매고 다녔어요. 연오랑의 신발만 덩그러니 남았을 뿐 어디에도 연오랑은 없었어요. ㉠<u>세오녀는 남편이 바다에 빠져 죽은 줄 알고 바닷가 바위 위에 쓰러져 울다 그만 정신을 잃고 말았어요.</u>

　이튿날 아침 동이 터오자 세오녀는 정신을 차리고 주위를 둘러보았어요. 세상에, 세오녀를 실은 바위가 대화국까지 떠내려온 것이 아니겠어요? 세오녀가 뭍에 닿자 사람들은 세오녀를 연오랑에게 데리고 갔어요.

　"연오랑 임금님의 짝이 하늘에서 내려왔어!"

　이렇게 다시 만나게 된 연오랑과 세오녀는 검은 머리가 파뿌리 되도록 오래오래 행복하게 살았답니다.

확인 문제

1 이 글의 내용과 맞는 것에는 ○표, 틀린 것에는 X표 하세요.

(1) 연오랑은 왕이 되려고 스스로 대화국으로 건너갔어요.

(2) 세오녀는 연오랑의 흔적을 아무것도 찾지 못했어요.

(3) 대화국 사람들은 연오랑을 하늘이 내린 왕이라고 생각했어요.

2 밑줄 친 ㉠에서 세오녀가 느꼈을 마음으로 알맞은 것을 찾아 기호를 쓰세요.

> 보기   ㉠ 분한 마음   ㉡ 슬픈 마음   ㉢ 답답한 마음   ㉣ 서운한 마음

3 이 글의 중심 내용으로 알맞은 것은 무엇인가요?

① 연오랑이 떠난 뒤 슬픔에 빠진 세오녀
② 바다로 떠내려가 대화국에 도착한 연오랑
③ 대화국의 왕과 왕비가 된 연오랑과 세오녀
④ 정답고 사이 좋은 부부인 연오랑과 세오녀

1줄 글쓰기

연오랑과 세오녀를 태우고 바다를 건넜다는 바위의 정체는 무엇일까요? 자유롭게 상상해서 써 보세요.

8. 돌이 된 아내

★ **복호 卜好**
　신라 눌지왕의 동생. 고구려에 잡혀 있다가 박제상의 도움으로 풀려났어요.

★ **미사흔 未斯欣**
　신라 눌지왕의 동생. 왜에 인질로 잡혀 있다가 박제상의 꾀로 탈출했어요.

★ **박제상 朴堤上**
　신라 눌지왕 때의 충신. 고구려와 왜에 인질로 잡혀 있던 왕의 동생들을 구하고 왜에서 죽임을 당하였어요.

★ **망부석 望夫石**
　바랄 망, 지아비 부, 돌 석
　아내가 멀리 떠난 남편을 기다리다, 죽어서 화석이 되었다는 돌이에요.

　신라 눌지왕에게는 복호*와 미사흔*이라는 동생이 있었어요. 복호와 미사흔은 고구려와 왜나라에 인질로 잡혀 있었답니다. 충신 박제상*은 왕의 근심을 덜어 주고자 고구려로 건너가 장수왕을 설득해 복호를 데리고 왔어요. 그러나 기쁨도 잠시, 눌지왕은 아직 왜나라에 있는 미사흔을 걱정하며 한숨을 지었어요.

　박제상은 다시 왜나라로 떠났어요. 급히 떠나느라 사랑하는 아내와 작별인사도 나누지 못한 채 말이지요. 박제상의 아내는 남편이 떠난다는 소식에 치술령이라는 언덕에 올라 남편이 탄 배가 보이지 않을 때까지 손을 흔들며 인사를 했어요.

　'꼭 돌아오세요. 저는 이곳에서 당신이 돌아올 날을 손꼽아 기다리겠어요.'

　박제상 역시 언덕 위의 아내를 바라보며 속으로 눈물을 삼켰어요.

　'험한 왜나라에서 어찌 살아 돌아올 수 있겠소. 나를 기다리지 마시오!'

　왜나라에 도착한 박제상은 신라에서 쫓겨난 것처럼 둘러대며 왜나라 왕의 믿음을 얻었어요. 그리고 꾀를 내어 왜나라에 잡혀 있는 미사흔을 탈출시켰어요. 왜나라 왕은 뒤늦게 그 사실을 알게 되었고, 박제상은 결국 비참한 최후를 맞이했어요.

　한편 박제상의 아내는 남편이 죽은 줄도 모르고, 매일같이 치술령에 올라 남편이 돌아오기만을 기다렸어요. 남편을 기다리는 마음이 어찌나 간절했는지 일각이 삼추 같다고 느껴질 정도였어요.

　하지만 가을이 지나고 겨울이 되도록 남편은 돌아오지 않았어요. 끝없이 남편을 기다리던 박제상의 아내는 결국 굳어서 돌이 되고 말았어요. 이후 사람들은 그 돌을 '남편을 바라보는 돌'이라는 뜻에서 망부석*이라고 불렀어요.

낱말 **인질 人質** 사람 인, 담보 질　옛날에 나라 사이에 약속을 지키겠다는 뜻으로 상대 나라에 강제로 머물게 하던 왕자나 그 밖의 힘 있는 사람.

확인 문제

월   일

1 박제상에 대한 설명으로 알맞은 것에는 ○표, 틀린 것에는 X표 하세요.

(1) 신라에서 쫓겨나 왜나라로 갔어요.

(2) 신라를 버리고 왜나라의 신하가 되었어요.

(3) 인질로 잡혀 있던 눌지왕의 동생들을 구했어요.

2 이 글에 나오는 박제상의 성격으로 알맞은 것을 찾아 기호를 쓰세요.

보기 ㉠ 비겁해요   ㉡ 충직해요   ㉢ 너그러워요   ㉣ 겁이 많아요

3 이 글에서 박제상을 기다리던 아내는 결국 어떻게 되었나요?

① 박제상을 찾아 왜나라로 떠났어요.
② 박제상을 기다리다가 돌이 되었어요.
③ 돌아오지 않는 박제상을 원망했어요.
④ 박제상을 기다리며 언덕에 돌집을 지었어요.

1줄 글쓰기

옛날 사람들은 왜 박제상의 아내가 돌이 되었다고 생각한 걸까요? 자신의 생각을 자유롭게 써 보세요.

9 평강 공주와 온달 장군

★ **평강 공주 平岡公主**
고구려 평원왕의 딸이자 온달의 아내. 온달에게 학문과 무예를 가르쳐 훌륭한 장군이 되게 하였어요.

고구려 평원왕에게는 평강이라는 딸이 있었어요. 평강 공주*는 눈물이 많아서 걸핏하면 울곤 했어요. 그래서 평원왕은 우는 공주를 달래기 위해 이렇게 농담을 하곤 했답니다.

"애야, 자꾸 울면 바보 온달에게 시집보낸다."

온달은 평양 근처에 살던 청년인데, 옷차림이 허름하고 말이 없어 모두들 바보라고 놀렸거든요. 온달이 밥을 얻으러 마을로 내려오면 동네 아이들이 놀려 댔어요.

"온달이는 바보래요!"

하지만 온달은 빙긋 웃을 뿐이었지요. 사실 온달은 가난한 형편에도 어머니를 지극히 모시는 효성 깊은 사람이었어요.

어느덧 세월이 흘러 평강 공주가 어른이 되었어요. 평원왕은 딸을 귀족의 아들과 결혼시키려고 했어요. 하지만 평강 공주는 고개를 가로저었어요.

"저는 온달 님에게 시집가겠습니다."

"익은 밥 먹고 선소리를 하는구나. 지금 네가 아비를 놀리는 게냐?"

"아버지는 항상 저더러 온달님과 결혼하라고 하셨잖아요. 저는 꼭 온달 님과 결혼하고 싶어요."

딸의 고집에 평원왕은 너무 화가 나서 공주를 성 밖으로 내쫓았어요.

평강 공주는 그길로 온달을 찾아갔어요. 공주가 바보라 불리는 자신을 찾은 것도 놀라운데, 이어지는 공주의 말에 온달은 뒤로 나자빠졌어요.

"온달 님, 저와 결혼해 주세요."

"뭐라고요? 공주님, 저를 놀리시는 겁니까?"

하지만 온달은 곧 평강 공주의 진심을 알게 되었고, 두 사람은 결혼하여 부부가 되었어요.

 효성 孝誠 효도 효, 정성 성   마음을 다해 부모님을 모시는 정성.

평강 공주는 가지고 있던 장신구를 팔아 온달을 뒷바라지했어요. 온달은 평강 공주의 도움을 받아 글공부도 하고 무예도 익혔지요. 온달은 어느덧 늠름한 사내 대장부가 되었어요.

얼마 뒤, 나라에서 큰 사냥 대회가 열리자, 온달도 대회에 참가했어요. 용맹한 젊은이들이 서로의 실력을 겨루었고, 해가 질 무렵에야 사냥 대회가 끝났어요. 가장 많은 짐승을 잡은 사람은 온달이었어요. 평원왕은 우승자를 불렀어요.

"네 이름이 무엇이냐?"

"온달이라고 합니다."

그 말을 들은 평원왕은 자리에서 벌떡 일어났어요.

"온달이라고? 그럼 네가 내 딸 평강과 결혼한 그 온달이란 말이냐?"

평원왕은 온달과 평강 공주를 성으로 불러 성대하게 결혼식을 올려 주었어요.

그 뒤 온달*은 훌륭한 장수가 되어 여러 전쟁터를 누비며 활약했어요. 평원왕은 온달을 듬직하게 여기며 나랏일을 의논했어요. 평원왕의 뒤를 이은 영양왕 역시 온달을 믿고 의지하며 나라를 이끌어 갔어요.

그 무렵은 신라와 백제가 똘똘 뭉쳐 고구려에 맞서던 때였어요. 그래서 고구려는 남쪽으로 땅을 넓혀 가기 어려웠어요. 그런데 얼마 뒤 두 나라는 한강 부근을 차지하기 위해 전쟁을 시작했어요. 고구려는 그 틈을 타 신라와 백제를 공격했지요.

이때 온달 장군이 앞장섰어요. 고구려군은 가는 곳마다 승리를 거두었어요. 온달 장군은 신라군이 있던 아단성*을 향해 나아갔어요. 아단성은 고구려가 남쪽으로 세력을 넓히는 데 아주 중요한 곳이었지요. 온달 장군은 아단성을 차지하기 위해 용감하게 싸웠어요. 하지만 이 전투에서 온달 장군은 신라군이 쏜 화살에 맞아 죽고 말았어요.

★ **온달 장군** 溫達將軍
고구려 평원왕 때의 장수. 바보라 불렸지만 평강 공주와 결혼 후 무예를 닦아 장군이 되었어요.

★ **아단성** 阿旦城
온달이 신라군과 싸우다가 목숨을 잃었다고 전해지는 산성이에요.

확인 문제

1 온달에 대한 설명으로 알맞은 것을 모두 찾아 선으로 이으세요.

온달 •
- ㉠ 늘 바보 같은 짓만 했어요.
- ㉡ 매일 허름한 옷을 입고 다녔어요.
- ㉢ 평원왕의 딸인 평강 공주의 남편이에요.

2 이 글에서 답을 찾을 수 없는 질문은 무엇인가요?

① 온달은 어느 나라 사람일까?
② 온달은 왜 가난하게 살고 있었을까?
③ 마을 사람들은 왜 온달을 바보라고 불렀을까?
④ 평원왕은 왜 딸을 온달에게 시집보낸다고 했을까?

3 이 글의 온달이 아래 질문을 듣고 할 말로 알맞은 것은 무엇인가요?

> 질문: 평강 공주가 본인에게 결혼하자고 했을 때 기분이 어떠셨습니까?

① 공주님과 결혼이라니! 매우 기쁘고 행복했습니다.
② 공주님이 저를 알아봐 주셔서 벅차고 뿌듯했습니다.
③ 생각지도 못한 일이라 너무 놀라고 당황스러웠습니다.
④ 장난이 너무 지나치셨지요. 몹시 화나고 불쾌했습니다.

이 글의 내용과 맞지 않는 것은 무엇인가요?

① 온달은 평강 공주의 도움으로 늠름해졌어요.
② 온달은 큰 사냥 대회에서 우승을 차지했어요.
③ 평원왕은 온달을 공주의 남편으로 인정했어요.
④ 평원왕과 달리 영양왕은 온달을 질투하고 미워했어요.

 이 글에서 알 수 있는 당시의 모습으로 알맞은 것에는 ○표, 틀린 것에는 X표 하세요.

(1) 고구려는 북쪽으로 세력을 넓히려고 노력했어요.

(2) 신라와 백제는 한강을 차지하려고 전쟁을 벌였어요.

(3) 고구려를 이기기 위해 신라와 백제가 힘을 모으기도 했어요.

1줄 글쓰기

온달 장군은 정말 바보였을까요? 전해지는 이야기 속에서 바보 온달로 불리게 된 이유는 무엇일까요? 자신의 생각을 자유롭게 써 보세요.

10 마를 캐는 아이 서동과 선화 공주

★ **서동 薯童**
서동 이야기의 주인공으로, 백제의 무왕이라는 이야기도 전해져요.

★ **선화 공주 善花公主**
신라 진평왕의 셋째 딸. 서동요를 계기로 서동과 결혼하게 되었어요.

★ **서동요 薯童謠**
선화 공주와 결혼하기 위해 서동이 만들어 퍼뜨린 노래로, 선화 공주와 서동이 사귄다는 내용이에요.

백제 어느 마을 남지 연못 근처에 장이라는 아이가 살고 있었어요. 장은 남지에 사는 용의 아들이었으나, 장의 어머니는 이를 숨기고 홀로 아들을 키우며 살았어요.

어려운 환경에서도 장은 산에서 마를 캐며 하루하루 성실하게 살았어요. 그래서 동네 사람들은 장을 서동*이라고 불렀어요. 서동은 '마를 캐는 아이'라는 뜻이지요. 서동은 성실하고 지혜로워서 마을 사람들은 모두 그를 좋아했지요.

어느 날 서동은 신라 진평왕의 셋째 딸인 선화 공주*가 무척 아름답다는 소문을 들었어요. 선화 공주를 보고 싶었던 서동은 몰래 서라벌(신라의 도읍지)로 건너갔지요. 궁궐로 몰래 들어간 서동은 생각했던 것보다 더 아름다운 선화 공주를 보고 홀딱 반했어요.

'선화 공주님과 결혼하고 싶은데, 무슨 좋은 방법이 없을까?'

서동은 백제 사람이었고 가진 것도 없었기 때문에 선화 공주와 결혼하는 것은 꿈도 못 꿀 일이었지요. 그래서 서동은 한 가지 꾀를 냈어요. 서동은 서라벌 아이들에게 마를 나눠 주며, 자기가 지은 노래를 가르쳐 주었어요.

"선화 공주님은 남몰래 시집가서 서동을 밤에 몰래 안고 잔대요."

마을 아이들은 신나게 노래를 따라 부르며 동네방네 돌아다녔지요.

발 없는 말이 천리 간다고 서동이 가르쳐 준 노래인 서동요*는 서라벌 곳곳에 퍼졌어요. 이를 알게 된 진평왕은 화가 나서 선화 공주를 궁궐에서 멀리 내쫓으라고 했어요. 선화 공주의 어머니는 가엾은 딸에게 금 한 덩어리를 마련해 주었지요. 이렇게 궁궐에서 쫓겨난 선화 공주의 눈앞에 서동이 나타났어요.

"공주님, 길이 멀고 험하니, 제가 모시고 가겠습니다."

서동은 공주를 말에 태우고 말고삐를 잡았어요. 선화 공주는 그가 노래를 만든 서동일 것이라는 사실은 꿈에도 모른 채 길을 따라나섰어요.

　　선화 공주는 서동과 이야기를 나누다 어느새 듬직한 모습의 서동에게 반하게 되었어요. 둘은 마침내 사랑하게 되었고, 결혼하기로 약속했어요. 하지만 서동은 마음이 불편했어요. 그래서 서동은 머뭇거리며, 그동안 있었던 일을 사실대로 말했어요. 선화 공주는 너무 놀랐지만, 서동이 한 일을 용서하고 함께 백제에 있는 서동의 집으로 향했어요.

　　서동의 집에 도착한 선화 공주는 어머니께 받은 금 덩어리를 꺼냈어요.

　　"이 황금을 내다 팔면 큰돈을 얻을 수 있습니다. 그걸로 어머니를 모셔요."

　　공주의 말에 서동은 놀라운 이야기를 했어요.

　　"내가 어려서부터 마를 캐던 곳에 이런 것들이 흙더미처럼 쌓여 있소."

　　그 말을 듣고 깜짝 놀란 공주는 서동과 함께 산으로 가 보았어요. 과연 그곳에는 엄청난 황금이 쌓여 있었어요. 서동과 선화 공주는 금을 내다 팔아 큰 부자가 되었어요. 그리고 서동은 선화 공주에게 이렇게 말했어요.

　　"이 황금들을 신라의 부모님께도 보냅시다."

　　서동은 금을 모아 선화 공주의 아버지인 신라 진평왕에게 보냈어요. 이를 받은 진평왕은 몹시 놀라며 서동의 마음 씀씀이에 감동했어요. 진평왕은 두 사람을 위해 성대한 결혼식을 열어 주었어요.

　　그리고 서동은 백성들에게 황금을 나누어 주며 백성들이 풍족하게 살 수 있도록 도왔어요. 서동의 이야기는 순식간에 나라 안팎으로 전해졌어요. 백제 사람들은 서동의 지혜와 넓은 마음에 감탄했고, 백성들의 마음을 얻은 서동은 훗날 백제의 왕이 되었어요.

45

확인 문제

1 서동에 대한 설명으로 알맞은 것을 모두 찾아 선으로 이으세요.

서동 •
- ㉠ 훗날 백제의 왕이 돼요.
- ㉡ 가난해서 마를 캐다 팔아 생활했어요.
- ㉢ 선화 공주와 첫눈에 반해 결혼했어요.

2 서동이 선화 공주와 결혼하기 위해 생각해 낸 방법은 무엇인가요?

① 거짓 노래를 만들어 서라벌에 퍼뜨렸어요.
② 선화 공주에게 마음을 담은 편지를 썼어요.
③ 진평왕에게 선화 공주에 대해 나쁘게 얘기했어요.
④ 선화 공주가 있는 성 앞에서 매일 노래를 불렀어요.

3 이 글의 중심 내용으로 알맞은 것은 무엇인가요?

① 성실하고 지혜로운 아이 서동
② 신라의 유행가를 만들어 낸 서동
③ 꾀를 내어 선화 공주와 결혼한 서동
④ 용기와 지혜로 선화 공주의 마음을 얻은 서동

서동이 마를 캐던 장소에 쌓여 있던 것은 무엇인가요?

① 쌀알

② 황금

③ 돌덩이

④ 금가루

 이 글에서 일이 일어난 순서에 알맞게 기호를 쓰세요.

㉠ 서동이 백제의 왕이 되었어요.

㉡ 서동이 진평왕에게 많은 황금을 보냈어요.

㉢ 서동과 선화 공주가 결혼하기로 약속했어요.

㉣ 진평왕은 서동과 선화 공주의 결혼식을 열어 줬어요.

1줄 글쓰기

서동이 선화 공주와 결혼하기 위해 한 행동은 옳은 일일까요, 잘못된 일일까요? 자신의 생각을 자유롭게 써 보세요.

삼국의 황금빛 유물

　우리 한반도에는 금이 묻혀 있지만 그 양이 많지 않아, 예로부터 금을 귀하게 여겼지요. 그래서 부족 시대부터 이웃 나라에 금을 선물로 보내거나, 큰 일을 한 신하에게 상으로 내려주곤 했어요. 그리고 금을 다루는 기술이 발달하면서 왕의 위엄을 나타내는 장신구를 만들기도 했지요. 그래서 금으로 만든 유물은 주로 왕의 무덤에서 발견되었는데, 고구려와 백제, 신라, 가야의 고분(왕의 무덤)에서 고루 찾을 수 있어요.

　고구려는 고분 도둑들 때문에 지금 남아 있는 유물이 별로 없지만, 작은 귀걸이만 보더라도 고구려의 금 세공 기술이 뛰어났다는 것을 알 수 있어요. 왕이 착용하던 옷과 신발, 모자에도 금 장식이 있고, 왕이 타던 말에 올리던 마구에도 금 장식이 있어요.

　백제의 금제 유물은 무령왕릉에서 발굴된 것이 많은데, 모자나 허리띠를 비롯하여 목걸이, 팔찌, 머리핀 등 종류가 아주 많아요. 특히 백제는 당시 일본과 교류하면서 일본에도 금 장식품을 선물했어요. 이소노카미 신궁에 있

▲ 신라시대 금귀걸이　　▲ 백제 금동대향로　　▲ 천마총 금관

는 칠지도는 철로 만든 칼에 금을 새겨 넣어 장식한 것으로, 백제의 뛰어난 금 세공 솜씨를 엿볼 수 있어요.

　가야의 금제 유물은 단순한 아름다움을 뽐내고 있는데, 특히 고령에서 발견된 금관을 보면 금덩이를 얇게 펴서 만드는 기술이 얼마나 뛰어났는지 알 수 있지요.

　신라의 금제 유물은 종류도 많고 수도 정말 많아요. 왕관이나 허리띠, 팔찌, 반지는 물론이고 불교 공예품에 이르기까지 정말 다양해요. 게다가 이들 금제 유물에는 여러 가지 금속 공예 기술이 한데 어우러져 있어요. 금을 녹여 만들거나, 금을 조각해서 만들거나, 또 철에 금을 새겨 넣어 만드는 등 다양한 방법으로 장신구를 만들었지요.

▶ 신라시대 금제여래좌상

3주 삼국을 지킨 사람들

옛 나라 고구려, 백제, 신라는 서로 경쟁하며 한반도에서 성장했어요. 영토를 넓히기 위해 수많은 전쟁이 일어났고, 여러 영웅들은 나라를 지키기 위해 목숨을 걸고 나섰지요. 고구려의 광개토 대왕, 백제의 계백, 신라의 관창의 용감함을 느낄 수 있는 이야기 속으로 함께 떠나 봐요!

학습 내용

11	만주 벌판을 달린 광개토 대왕과 장수왕	★ 광개토 대왕 ★ 장수왕 ★ 평양성 ★ 개로왕	월 일
12	을지문덕의 살수대첩	★ 을지문덕 ★ 청야 작전 ★ 우중문 ★ 살수대첩	월 일
13	안시성을 지킨 양만춘	★ 양만춘 ★ 안시성 전투	월 일
14	계백과 관창의 황산벌 전투	★ 계백 ★ 관창 ★ 화랑 ★ 황산벌 전투	월 일
15	신비한 피리, 만파식적	★ 문무왕 ★ 신문왕 ★ 감은사 ★ 만파식적	월 일

11 만주 벌판을 달린 광개토 대왕과 장수왕

★ **광개토 대왕**
廣開土大王 넓을 광, 열 개, 흙 토, 클 대, 임금 왕
고구려의 영토를 가장 크게 넓히고 기상을 드높인 왕이에요.

광개토 대왕*은 391년, 18세의 나이로 고구려의 왕이 되었어요. 광개토 대왕은 성격이 대담하고 무예가 뛰어났어요. 그는 왕이 되자마자 백제를 공격해 백제의 여러 성을 무너뜨리고 한강 북쪽의 땅을 차지했어요.

이번에는 광개토 대왕의 눈이 중국 땅을 향했어요. 그 무렵 중국은 여러 나라로 나뉘어 있어서 매우 혼란스러웠어요. 광개토 대왕은 이 틈을 타 북쪽의 드넓은 영토를 차지할 계획을 세웠어요.

한편 고구려의 서쪽에는 후연이라는 나라가 있었어요. 후연은 날로 강해지는 고구려를 제압하기 위해 먼저 수많은 군대를 이끌고 고구려를 공격했어요. 그러자 광개토 대왕은 성난 기세로 후연을 공격했어요.

"이곳은 옛 고조선의 영토이다. 후연을 몰아내고 고조선의 영광을 되찾자!"

고구려군은 철갑옷을 입고 말을 달려 숙군성으로 몰아쳤어요. 고구려군의 기세에 놀란 성주는 싸움 한번 제대로 해 보지 못한 채 성을 버리고 달아났어요. 이 소식을 들은 후연의 왕은 화가 머리끝까지 났어요. 그는 엄청나게 많은 군사를 직접 이끌고 고구려 진영으로 달려들었어요.

하지만 광개토 대왕은 미리 후연 진영에 첩자를 보내 군사들의 수와 움직임을 알아냈어요. 그리고 정면으로 부딪치지 않고 싸우다가 도망가는 척을 하며 후연의 군사들을 골짜기로 꾀어냈지요. 골짜기에 숨어서 기다리던 고구려군은 후연의 군사들이 오자 맹공격을 퍼부었어요. 이렇게 후연을 몰아낸 광개토 대왕은 요동의 넓은 땅을 되찾았어요.

광개토 대왕은 그 기세를 몰아 요서 지방까지 되찾았지요. 그는 거기에서 멈추지 않고 410년에는 동부여까지 공격해서 영토를 더욱 넓혔어요. 광개토 대왕의 활약으로 우리나라

52

는 역사상 가장 큰 땅을 가지게 되었지요.

그렇다고 광개토 대왕이 정복에만 힘쓴 건 아니었어요. 나라를 평화롭게 다스리기 위해 관직을 정비하기도 했지요. 또 백성들의 마음을 편안히 하고 새로운 종교인 불교를 널리 알리기 위해 평양에 아홉 개의 절을 짓기도 했어요. 그래서 광개토 대왕은 죽어서 '국강상광개토경평안호태왕'이라는 긴 이름을 얻게 되었어요. '땅을 넓히고, 나라를 평안하게 하며, 백성들에게 사랑받았던 왕'이라는 뜻이랍니다.

이렇게 만주벌을 호령했던 광개토 대왕은 39세의 나이로 세상을 떠났어요. 그의 아들인 장수왕*은 아버지의 업적을 기리기 위해 지금의 중국 지린 성에 거대한 비석을 세웠는데, 이것이 그 유명한 '광개토 대왕릉비'랍니다. 높이 6.49미터짜리 비석 4면에 1,775개 글자가 새겨져 있는데, 고구려의 건국 신화, 정복 전쟁 등이 기록되어 있어요. 이 비석에 새겨진 내용을 통해 당시 고구려의 씩씩한 기상과 용맹함을 짐작할 수 있어요.

콩 심은 데 콩 나고 팥 심은 데 팥 난다는 말처럼 광개토 대왕의 뒤를 이은 장수왕도 아버지 못지않게 고구려의 힘을 강하게 키운 왕이었어요. 장수왕은 광개토 대왕이 넓힌 영토를 잘 다스리는 데 힘을 쏟았어요.

그리고 남쪽으로 눈을 돌려 고구려의 도읍을 한반도의 평양성*으로 옮기며, 신라와 백제를 제압했어요. 장수왕은 직접 3만의 군사를 이끌고 백제를 공격하여 백제의 수도 한성(지금의 서울)을 차지했어요. 이 전투로 백제는 개로왕*을 잃고, 도읍을 웅진(지금의 충청남도 공주)으로 옮겼어요.

뿐만 아니라 장수왕은 뛰어난 외교술로 중국의 여러 나라와도 잘 지내며 불필요한 전쟁을 막고 나라를 안정시켜, 고구려를 동아시아 최고의 나라로 만들었어요.

★ **장수왕** 長壽王
길 장, 목숨 수, 임금 왕
광개토 대왕의 아들이에요. 남쪽으로 고구려 땅을 넓히고, 외교로써 나라를 안정시켰어요.

★ **평양성** 平壤城
평양의 주변을 둘러싼 성곽이에요. 장수왕 때 고구려의 도읍이 되었어요.

★ **개로왕** 蓋鹵王
백제의 21대 왕으로, 고구려 장수왕의 침입으로 수도를 잃고 목숨마저 빼앗겼어요.

 성주 城主 재 성, 주인 주 성의 우두머리
진영 陣營 진 칠 진, 경영할 영 군대가 진을 치고 있는 곳.
호령 號令 부르짖을 호, 하여금 령 부하나 동물 따위를 지휘하여 명령함.
제압 制壓 절제할 제, 누를 압 강한 힘이나 기세로 상대를 누름.

확인 문제

1 광개토 대왕에 대한 설명으로 알맞은 것을 모두 찾아 선으로 이으세요.

광개토 대왕 •
- ㉠ 백제를 공격한 뒤 신라까지 진출했어요.
- ㉡ 한강 북쪽 땅을 정복한 고구려의 왕이에요.
- ㉢ 후연과 싸워 옛 고조선의 땅을 되찾았어요.

2 이 글의 중심 내용으로 알맞은 것은 무엇인가요?

① 백제의 수도를 빼앗은 장수왕
② 후연과 전쟁을 벌인 광개토 대왕
③ 정복 전쟁에만 힘쓴 광개토 대왕과 장수왕
④ 고구려의 힘을 키운 광개토 대왕과 장수왕

3 이 글에서 일이 일어난 순서에 알맞게 기호를 쓰세요.

㉠ 광개토 대왕은 후연 숙군성을 차지했어요.
㉡ 후연이 군대를 이끌고 고구려에 쳐들어왔어요.
㉢ 광개토 대왕은 후연에 첩자를 보내 적을 파악했어요.
㉣ 광개토 대왕은 꾀에 속아 넘어간 후연의 군사들을 물리쳤어요.

4 <보기>에서 설명하는 것이 무엇인지 글에서 찾아 쓰세요.

> 보기
> • 중국 지린성에 세워진 거대한 비석이에요.
> • 장수왕이 아버지의 업적을 기리기 위해 만들었어요.

5 다음 중 장수왕이 한 일에는 ○표, 그렇지 않은 것에는 X표 하세요.

(1) 요동성과 요서 지방 땅을 되찾았어요.

(2) 고구려의 도읍을 한성에서 웅진으로 옮겼어요.

(3) 고구려 남쪽 나라를 침략하여 영토를 넓혔어요.

(4) 중국의 여러 나라와 교류하며 나라를 안정시켰어요.

1줄 글쓰기

만약 광개토 대왕과 장수왕이 정복했던 땅이 지금까지도 우리나라의 영토로 남아 있었다면 어땠을까요? 자유롭게 상상해서 써 보세요.

12 을지문덕의 살수대첩

★ **을지문덕 乙支文德**
고구려 영양왕 때의 장수로, 수나라의 100만 대군을 물리친 명장이에요.

★ **청야 작전 淸野作戰**
맑을 청, 들 야, 지을 작, 싸움 전
적이 사용할 만한 식량 등을 모두 없애고 성안에서 버티는 작전이에요.

을지문덕*은 고구려 영양왕 때의 장수예요. 그때의 고구려는 큰 영토를 지키느라 여러 나라와 싸워야 하는 힘든 상황이었어요. 반면 중국 땅에서는 수나라가 여러 나라를 통일하고 그 세력을 고구려 땅까지 뻗치고 있었지요. 가만히 앉아서 당할 수 없었던 고구려는 수나라에 맞설 군대를 갖추었어요. 그 소식을 알게 된 수나라의 왕 문제는 고구려에 편지를 보냈어요.

"요하만 넘으면 너희는 곧 죽음이니 알아서 수에 무릎을 꿇어라."

하지만 겁먹을 고구려가 아니었어요. 오히려 고구려는 먼저 요서 지방을 차지하려고 계획했어요. 그러자 문제는 30만 대군을 이끌고 요서로 와서 고구려와 전쟁을 벌였어요. 하지만 수나라군은 전염병과 식량 부족으로 맥없이 물러날 수밖에 없었어요. 전쟁에 크게 패하자 충격을 받은 문제는 그만 죽고 말았어요.

그 뒤를 이어 왕이 된 양제도 고구려를 가만두지 않았어요. 그는 612년에 백만이 넘는 대군을 이끌고 고구려를 공격해 왔어요. 양제는 추운 겨울이 오기 전에 요동성을 차지하려는 생각이었어요. 이때 을지문덕이 나섰어요.

"고구려 군사들이여! 요동성을 지키자!"

고구려군은 성 밖 들판의 곡식에 불을 질러 적들이 빼앗지 못하게 했어요. 그리고 수나라 군사들이 갈 만한 마을의 백성들을 성안으로 이동시키고 마을 안에 있던 우물들을 모두 메워 버렸어요.*

날은 추워지고, 식량마저 떨어져가자 양제는 초조해졌어요. 그래서 장수 우중문에게 군사 30만 명을 주어 고구려 수도인 평양성을 직접 공격하게 했어요. 이때 을지문덕은 한 가지 꾀를 냈어요.

'적을 알고 나를 알면 백전백승이야. 수나라 군대의 상황을 알아보자!'

을지문덕은 수나라에 거짓으로 항복하며 수나라 군대가 머무는 곳으로

낱말 **항복** 降伏 항복할 항, 엎드릴 복 적의 힘에 눌려 뜻을 굽히고 명령에 따름.
대첩 大捷 큰 대, 빠를 첩 크게 이김. 큰 승리.

갔어요. 그곳에서 수나라 군사들은 주먹밥 한 덩이를 여럿이 나누어 먹고 있었어요. 을지문덕은 적군의 식량이 부족하다는 것을 바로 눈치챘지요.

수나라 진영을 빠져나온 을지문덕은 곧장 전략을 짰어요. 수나라 군대를 무리하게 움직이게 하는 것이었지요. 을지문덕은 수나라군이 공격해 올 때마다 일부러 지는 척하며 계속 후퇴했어요. 수나라 군사들은 평양성 근처까지 왔지만 이미 지칠 대로 지쳐 있었어요. 이때 을지문덕은 적의 어리석음을 비꼬는 시를 써서 수나라 장수 우중문*에게 보냈어요.

> 그대의 신통한 작전은 하늘에 닿고,
> 오묘한 꾀는 땅을 꿰뚫는구나!
> 싸움마다 이겨 그대의 공이 높으니,
> 이제 만족한 줄 알고 그만둠이 어떠한가.

우중문은 그제야 을지문덕의 계략에 넘어간 것을 알고 군대를 급히 물렸어요. 하지만 수나라 군사들은 독 안에 든 쥐였지요. 을지문덕은 살수(평안도를 가로지르는 청천강)로 도망가는 수나라 군사들을 공격했어요.

"앞으로 나아갈 뿐 결코 물러서지 않겠다!"

을지문덕은 죽기를 각오하고 군사들을 격려하며 전쟁을 치렀고, 마침내 수나라군을 물리쳤어요. 이 싸움에서 살아 돌아간 수나라 군사들은 겨우 2,700여 명밖에 되지 않았다고 해요. 이 전투를 '살수대첩*'이라고 부른답니다. 수나라는 고구려와의 전쟁에 너무 매달린 나머지 결국 망하고 말았어요.

 월   일

★ **우중문 于仲文**
중국 수나라 양제 때의 장군으로, 고구려에 쳐들어왔다가 을지문덕에게 크게 패했어요.

★ **살수대첩 薩水大捷**
고구려와 수나라가 살수에서 벌인 큰 싸움이에요. 을지문덕이 이끄는 고구려군이 큰 승리를 거두었어요.

확인 문제

1 을지문덕에 대한 설명으로 알맞은 것을 모두 찾아 선으로 이으세요.

을지문덕 •
- ㉠ 고구려 영양왕 때의 장수예요.
- ㉡ 전쟁에서 뛰어난 지략을 발휘했어요.
- ㉢ 적군에게 항복하고 자신의 목숨을 살렸어요.

2 이 글의 중심 내용으로 알맞은 것은 무엇인가요?

① 중국 땅을 통일한 수나라
② 평양성을 공격한 수나라의 우중문
③ 수나라의 공격에 맞서 싸운 을지문덕
④ 평양성을 지켜 낸 고구려의 장수 을지문덕

3 을지문덕이 당시 고구려의 상황을 설명할 때 할 말로 알맞지 않은 것을 찾아 기호를 쓰세요.

> 내가 장수로 활약하던 때는 ㉠ 중국에서 수나라의 힘이 커졌네. 수나라는 ㉡ 고구려에 항복하라고 했지만 우리는 그러지 않았지. 고구려 사람들이 얼마나 용맹한가! ㉢ 수나라와의 첫 번째 전투에서 크게 당한 우리는 다음 전투에 대비했지. 이전보다 더 많은 군대가 쳐들어왔지만 우린 ㉣ 수나라군의 식량이 떨어지기를 기다리며 성안에서 버텼다네.

4 을지문덕이 수나라 군대에 크게 이긴 전투의 이름을 찾아 색칠하고 빈칸에 쓰세요.

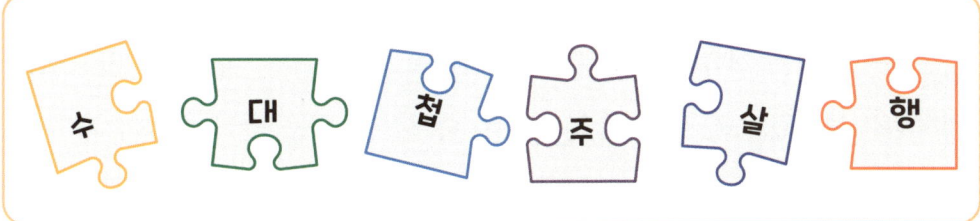

_____

5 이 글에서 일이 일어난 순서에 알맞게 기호를 쓰세요.

㉠ 고구려에 패한 수나라는 결국 멸망하고 말았어요.
㉡ 을지문덕이 수나라 장수를 비꼬는 편지를 썼어요.
㉢ 을지문덕이 살수에서 수나라군을 크게 무찔렀어요.
㉣ 을지문덕은 일부러 지는 척하며 수나라군의 힘을 뺐어요.

☐ → ☐ → ☐ → ☐

을지문덕 장군이 오늘날까지 위대한 장수로 평가받는 이유는 무엇일까요? 자신의 생각을 자유롭게 써 보세요.

_____
_____
_____
_____
_____

13 안시성을 지킨 양만춘

★ **양만춘 楊萬春**
안시성의 성주로, 당나라군이 고구려에 쳐들어 왔을 때 적을 물리치고 성을 지켜냈어요.

★ **안시성 전투 安市城戰鬪**
고구려가 안시성에서 당나라 군대를 물리친 전투예요. 고구려군과 백성들이 힘을 합쳐 안시성을 지켜 냈어요.

중국 땅에서는 수나라가 멸망하고 당나라가 세워졌지만, 고구려에 대한 공격은 계속되었어요. 당나라 태종은 직접 10만 대군을 이끌고 고구려에 쳐들어왔어요. 당나라 군사들은 순식간에 요동 반도에 있는 개모성, 비사성, 백암성 등을 차례로 무너뜨렸어요. 그리고 마지막으로 남은 성은 조그마한 안시성뿐이었는데, 곧 이곳마저 적들에게 완전히 둘러싸이고 말았어요.

고구려에서는 실력이 뛰어난 장수를 보내 안시성을 구하려고 했어요. 하지만 당 태종의 군대는 만만치 않았어요. 안시성을 구하려고 달려왔던 고구려의 장수들은 하나둘 당나라 군대에 잡혀 항복하고 말았어요. 엎친 데 덮친 격으로, 남쪽에서 신라군까지 치고 올라와서 안시성은 바람 앞의 등불 신세였어요. 당 태종은 의기양양했지요.

당 태종은 장군 이세적을 앞세워 안시성에 총공격을 퍼부었어요. 하지만 안시성에는 성주 양만춘*이 있었어요. 양만춘은 백성들을 격려하며 굳세게 성을 지켜 냈어요.* 아무리 강한 당나라군이라도 안시성을 쉽게 무너뜨릴 순 없었어요.

이에 이세적은 안시성을 내려다볼 수 있도록 주변에 높게 흙더미를 올려 산을 만들었어요. 흙산 위에서 성 안쪽을 향해 공격할 작정이었지요. 하지만 흙산이 무너지는 바람에 계획은 물거품이 되었고, 오히려 뒤에서 공격해 온 고구려군에게 흙산을 빼앗기기까지 했어요.

양만춘이 백성들과 똘똘 뭉쳐 안시성을 지키는 동안 겨울이 찾아왔어요. 그동안 당나라군은 여러 방법으로 성을 공격했지만, 그때마다 안시성의 성벽은 높아졌고, 끝내 성을 무너뜨릴 수 없었어요. 더구나 추위는 심해지고 식량은 바닥을 보이고 있었지요. ㉠ 당 태종은 하는 수 없이 군사들을 이끌고 당나라로 돌아갔어요. 안시성 백성들이 똘똘 뭉쳐 맞선 덕분에 당나라로부터 안시성을 지킬 수 있었어요.

확인 문제

1 이 글의 내용과 맞는 것에는 ○표, 틀린 것에는 X표 하세요.

(1) 양만춘과 고구려 백성들은 끝까지 안시성을 지켜냈어요.

(2) 당나라의 황제는 직접 군대를 이끌고 고구려를 공격했어요.

(3) 당나라 군사들은 공격을 계속하여 끝내 안시성을 차지했어요.

2 다음 중 ㉠에서 당 태종의 마음을 알맞게 짐작한 것은 무엇인가요?

① 용맹한 고구려인들도 당나라군 앞에서는 힘을 못 쓰는구나!
② 고구려군의 기세가 너무 강하구나! 안시성은 이만 포기하자.
③ 이세적 장군 덕분에 승리를 거두었으니 큰 상을 내려야겠군.
④ 당나라군이 이리 약했다니! 힘을 키워서 다시 공격하러 오마.

3 이 글에서 일이 일어난 순서에 알맞게 기호를 쓰세요.

> ㉠ 당나라군은 흙산을 쌓았지만 공격이 잘 풀리지 않았어요.
> ㉡ 겨울이 되자 당나라군은 더 이상 싸울 수가 없게 됐어요.
> ㉢ 당나라 장군 이세적은 안시성에 모든 공격을 집중했어요.
> ㉣ 당 태종은 안시성 정복을 포기하고 군대를 이끌고 당으로 돌아갔어요.

1줄 글쓰기

양만춘과 백성들이 끝까지 안시성을 지킬 수 있었던 힘은 무엇일까요? 자신의 생각을 자유롭게 써 보세요.

14 계백과 관창의 황산벌 전투

★ **계백** 階伯
백제의 마지막 장군으로, 황산벌에서 신라군과 싸우다 죽음을 맞이했어요.

★ **관창** 官昌
신라의 화랑으로, 홀로 백제군 진영에 뛰어들어 용감히 싸우다 죽었어요.

계백* 장군은 백제의 마지막 왕인 의자왕의 곁에서 나라를 지킨 용맹한 장수예요. 당시 백제는 고구려와 신라에 위협을 당하고 있었어요. 그러던 어느 날, 신라군이 당나라군을 앞세워 백제로 쳐들어왔어요.

백전노장이었던 계백은 5천 명의 군사를 이끌고 황산벌로 갔어요. 계백은 두려움에 떨고 있는 부하들을 격려했어요.

"우리가 죽을 각오로 싸우면 반드시 적을 물리칠 수 있을 것이다."

계백의 말에 힘을 얻은 백제군은 용감하게 싸웠어요. 신라군보다 수가 적었는데도 네 번의 전투에서 모두 이겼지요. 백제군은 승리할 수 있다는 자신감에 불타 있었지요.

한편 신라군은 5만의 군사로 5천 명의 군사를 이겨내지 못하자 점차 기운이 떨어졌어요. 이때 신라군을 이끌던 품일 장군의 아들 관창*이 앞으로 나섰어요.

"제가 백제군을 물리치고 오겠습니다!"

관창은 16세의 어린 소년이었지만 조금도 두려워하거나 주저하지 않고 백제군을 향해 나아갔어요.

하지만 관창은 곧 백제군에게 잡혀 계백 장군 앞으로 끌려갔지요. 계백 장군은 아들 같은 관창을 차마 죽일 수가 없었어요.

"하룻강아지 범 무서운 줄 모르는구나! 썩 돌아가거라!"

계백은 관창에게 겁을 주어 신라군으로 되돌려보냈어요.

"위대한 신라를 위해 충성을 다하자!"

오기가 생긴 관창은 다시 한번 맨 앞에 서서 백제를 공격했어요. 그러나 관창은 이번에도 백제군에게 잡혔지요. 계백 장군이 관창을 다시 돌려보내려고 하자, 관창은 되돌아가지 않겠다며 버텼어요.

"임전무퇴라고, 전쟁에 나아가서는 물러서지 않는 법입니다."

계백 장군은 어쩔 수 없이 관창의 목을 베어 신라군으로 돌려보냈어요. 그러고는 한숨을 내뱉었어요.

"신라에 이같이 용감한 소년이 있으니 신라와의 싸움은 이미 승부가 난 것이나 다름없구나."

관창이 죽었다는 소식에 신라의 화랑*들은 벌떼처럼 들고 일어났어요. 당시 신라에는 화랑이라는 청년 조직이 있었어요. 이들은 삼국통일을 위해 전쟁에 나섰어요. 나라를 위해 자신의 목숨을 바치기로 마음먹은 것이지요.

"관창의 죽음을 헛되게 할 수 없다. 가자, 가서 싸우자!"

백제군 역시 죽을 힘을 다해 신라군에 맞섰지만 이미 기세가 기운 뒤였어요. 결국 계백 장군은 황산벌 전투*에서 최후를 맞고 말았답니다.

 월   일

★ **화랑 花郞**
꽃 화, 사내 랑
신라의 청소년 조직이에요. 능력 있는 인재들이 모여 몸과 마음을 갈고닦았어요.

★ **황산벌 전투**
黃山벌 戰鬪
백제 말기에 계백 장군이 신라군에 맞서 싸운 전투예요.

 백전노장 百戰老將 일백 백, 싸움 전, 늙을 노, 장수 장
수많은 싸움을 치른 노련한 장수.

확인 문제

1 관창에 대한 설명으로 알맞은 것을 모두 찾아 선으로 이으세요.

관창 •
- • ㉠ 의지가 굳세고 용맹스러워요.
- • ㉡ 계백 장군에게 목숨을 잃었어요.
- • ㉢ 전쟁 경험이 풍부한 백전노장이에요.

2 이 글의 내용과 맞는 것에는 ○표, 틀린 것에는 ✕표 하세요.

(1) 계백 장군은 백제를 지키기 위해 목숨을 바쳐 싸웠어요.

(2) 백제군과 신라군의 전투에서 결국 승리한 것은 백제군이에요.

(3) 백제군은 많은 군사 덕에 신라군과의 전투에서 이길 수 있었어요.

3 이 글을 읽고 밑줄 친 '이곳'이 어디인지 빈칸에 쓰세요.

'이곳'은 백제 말기 계백 장군이 신라군을 맞아 전투를 벌인 곳이에요. 계백 장군은 여기에서 목숨을 잃고 말지요.

이 글의 계백이 아래 질문을 듣고 할 말로 알맞은 것은 무엇인가요?

> **질문** 백제군의 진영으로 다시 뛰어든 관창을 보고 어떤 생각이 들었나요?

① 어린 소년의 용기와 충성심에 매우 놀랐습니다.
② 관창이 다시 온 것을 보니 무척이나 황당했습니다.
③ 백제의 무서움도 모르고 다시 오다니 정말 화가 났습니다.
④ 어린 관창을 적진에 내보낸 신라군이 정말 냉정하다 느꼈습니다.

 이 글에서 신라군이 백제군에게 이길 수 있었던 이유는 무엇인가요?

① 전투에서 승리한 백제군이 방심했기 때문이에요.
② 신라에서 많은 지원군을 보내 주었기 때문이에요.
③ 관창이 백제의 장군과 맞서 싸워 승리했기 때문이에요.
④ 관창의 죽음으로 신라군의 기세가 높아졌기 때문이에요.

1줄 글쓰기

혼자서 말을 타고 적군에게 달려간 관창은 어떤 마음이었을까요? 자신의 생각을 자유롭게 써 보세요.

15 신비한 피리, 만파식적

★ **문무왕** 文武王
삼국 통일을 이룬 신라의 왕이에요. 죽어서 용이 되었다고 전해지고 있어요.

★ **신문왕** 文武王
문무왕의 아들로 왕위에 올라, 귀족의 힘을 눌러 왕권을 안정시키고 신라의 발전에 이바지했어요.

★ **감은사** 萬波息
느낄 감, 은혜 은, 절 사
부처님의 힘을 빌려 왜구를 막고자 지은 신라의 절이에요.

신라 문무왕*은 삼국을 통일한 뒤 나라를 안정시키기 위해 애썼어요. 하지만 동해에서 왜구가 끊임없이 쳐들어와 백성들을 괴롭혔어요. 문무왕은 죽기 전까지 이를 걱정했어요. 그리고 이렇게 유언을 남겼지요.

"내가 죽거든 동해 바다에 나를 묻어라. 나는 용이 되어서 동해로 쳐들어오는 왜구를 물리치겠다."

문무왕의 아들인 신문왕*은 아버지의 뜻을 받들어 바다에 있는 큰 바위에서 장례를 치렀어요.

신문왕이 왕이 된 이후에도 신라는 매우 혼란스러웠어요. 가뭄과 홍수가 이어지고 왜구들이 계속해서 침략해 왔지요. 그러던 어느 날, 동해에 있던 작은 섬 하나가 감은사* 쪽으로 떠내려왔다는 소식이 들렸어요. 감은사는 신문왕이 아버지 문무왕을 기리기 위해 지은 절이었지요. 깜짝 놀란 신문왕은 스님에게 이 일을 의논했어요.

"문무왕께서는 죽어서도 용이 되어 나라를 지키겠다고 하셨으니, 아무래도 전하께 값진 보물을 주시려는 것 같습니다. 하오니 어서 가 보십시오."

신문왕은 그 말을 듣고 곧장 동해 바다로 갔어요.

그러자 정말 감은사 앞바다에 거북이 머리처럼 생긴 섬이 하나 떠 있었어요. 섬의 꼭대기에는 대나무 한 그루가 있었는데, 이 대나무는 낮이면 갈라져 둘이 되고, 밤이면 합쳐져 하나가 되는 신기한 대나무였어요. 신문왕이 대나무를 보기 위해 배를 타고 섬으로 건너갔을 때 어디선가 검은 용이 나타났어요.

검은 용은 신문왕에게 말했어요.

"지성이면 감천이라고 했다. 너의 정성이 기특하니 내가 선물을 주겠다."

그리고 말을 이었어요.

"두 손뼉이 맞아야 소리가 나듯이, 이 대나무도 두 조각이 합쳐져야만 소리가 난다. 이 대나무로 피리를 만들어 불면 오래도록 평화를 누릴 수 있을 것이다."

검은 용은 말을 마친 뒤 바닷속으로 스르르 사라졌어요.

신문왕은 검은 용의 말대로 대나무를 베어 피리를 만들어 불었어요. 그러자 놀라운 일이 일어났어요. 신라를 침략하던 왜구들이 물러간 것이에요.

신기한 일은 그뿐만이 아니었어요. 가뭄이 들었을 때 피리를 불면 비가 오고, 태풍이 불 때 피리를 불면 바람이 잠잠해졌지요.

"신기한 피리 덕분에 나라가 평화로워졌습니다."

"정말 놀라운 피리구나! 오늘부터 이것을 '만 개의 파도를 잠재우는 피리'라는 뜻으로 만파식적*이라고 하겠다."

신문왕은 만파식적 덕분에 나라를 평화롭게 다스릴 수 있었다고 해요.

★ 만파식적 萬波息笛
일만 만, 물결 파, 쉴 식, 피리 적
전설로 전해지는 신비한 피리예요. 이 피리를 불면 나라의 모든 걱정과 어려움이 해결되었다고 해요.

확인 문제

1 이 글의 내용과 맞는 것에는 ○표, 틀린 것에는 X표 하세요.

(1) 신문왕 때는 나라 안팎이 평화로웠어요.

(2) 신문왕은 죽어서 용이 되겠다는 말을 남겼어요.

(3) 신문왕은 문무왕을 기리기 위해 절을 지었어요.

2 '만파식적'에 대한 설명으로 알맞지 않은 것은 무엇인가요?

① 신기한 대나무로 만든 피리예요.
② 피리를 만들라고 한 것은 검은 용이에요.
③ 피리를 불면 나라의 걱정거리가 사라졌어요.
④ 문무왕이 살아 있을 때 신문왕을 위해 만들었어요.

3 '만파식적'의 뜻으로 알맞은 것은 무엇인가요?

① 만 명의 왜구를 물리치는 피리
② 만 명의 백성을 위로하는 피리
③ 만 개의 파도를 잠재우는 피리
④ 만 개의 바람을 일으키는 피리

4 이 글에서 일이 일어난 순서에 알맞게 기호를 쓰세요.

> ㉠ 신문왕은 신비한 대나무로 피리를 만들었어요.
> ㉡ 감은사 앞바다에 거북이 머리 모양의 섬이 나타났어요.
> ㉢ 신비한 피리인 만파식적 덕분에 나라가 평화로워졌어요.
> ㉣ 검은 용이 나타나 신문왕에게 선물을 주겠다고 말했어요.

5 선생님의 질문에 대한 학생의 대답으로 알맞은 것은 무엇인가요?

> 질문 만파식적 이야기에는 신라 사람들의 어떤 마음이 담겨 있을까요?

① 돌아가신 문무왕이 살아 돌아오길 바란 것 같아요.
② 어지러운 나라에 평화가 오길 바라는 마음이 담긴 것 같아요.
③ 용과 피리가 나오는 멋진 이야기를 만들고 싶었던 것 같아요.
④ 나라를 잘 못 다스리는 신문왕에 대한 불만이 담긴 것 같아요.

1줄 글쓰기

만약 만파식적을 단 한 번 쓸 수 있는 기회가 주어진다면 어떤 상황에서 쓰고 싶은가요? 자유롭게 상상해서 써 보세요.

꽃보다 화랑

신라시대 진흥왕 때는 화랑들이 모인 '화랑도花郞徒'라는 단체가 있었어요. '꽃처럼 아름다운 남자들의 무리'라는 뜻처럼, 화랑도는 한창 자라나는 귀족 출신의 청소년들로 이루어져 있었어요. 신라는 화랑도를 만들어서 나중에 커서 나라를 위해 일할 인재를 길렀던 것이지요. 지금으로 생각해 보자면 청소년을 기르는 학교와도 비슷한 역할을 했지요.

화랑들은 수백 명에서 수천 명의 평민 출신의 낭도를 부하로 거느렸어요. 그들은 이름난 산과 강을 찾아다니며 글과 무술, 춤과 노래를 배우고, 몸과 마음을 갈고닦았어요.

이렇게 자라난 화랑들은 훗날 삼국을 통일하는 데 큰 역할을 했어요. 삼국 통일에 큰 공을 세운 김유신, 김춘추, 관창 등도 모두 화랑도 출신이에요.

화랑도는 세상에서 지켜야 할 다섯 가지 규칙인 '세속오계世俗五戒'를 따랐어요. 세속오계에는 나라를 지키는 인재가 되라는 의미가 담겨 있지요.

▲ 청주 흥덕사지 화랑터

세속오계

1. 충성을 다해 임금을 섬긴다.
2. 정성을 다해 부모님께 효도한다.
3. 친구를 사귈 때는 서로 믿는다.
4. 싸움터에서 물러서지 않는다.
5. 생명이 있는 것을 함부로 죽이지 않는다.

여기 화랑을 대표하는 인물, 사다함 이야기를 들어 볼까요?

사다함은 진흥왕 때 대가야와의 전쟁에 나가 큰 공을 세웠어요. 그에게는 무관랑이라는 둘도 없는 친구가 있었어요. 그런데 무관랑이 먼저 병이 들어 죽자 사다함은 7일 동안 목 놓아 울었고, 결국 며칠 만에 따라 죽고 말았어요. 친구를 따라 죽은 사다함의 이야기에서 화랑이 얼마나 의리를 소중히 여겼는지 알 수 있어요.

4주
나라의 이름을 드높인 사람들

고구려, 백제, 신라 삼국은 서로 문화를 주고받으며 아름다운 예술 문화를 꽃피웠어요. 새로운 종교인 불교를 받아들이면서 불교 문화도 아름답게 피어났지요. 또 고려 시대에는 나라 안팎에서 고려의 이름을 드높인 인물들도 있어요. 그들의 이야기 속으로 함께 떠나 봐요!

🌸 학습 내용

| 16 | 살아 있는 그림을 그린 솔거 | ★ 솔거
★ 황룡사 벽화 | 월 일 |

| 17 | 깨달음을 찾아서, 원효와 혜초 | ★ 원효
★ 해골물
★ 혜초
★ 왕오천축국전 | 월 일 |

| 18 | 아름다운 불국사에 전해지는 이야기 | ★ 김대성
★ 불국사
★ 석굴암
★ 석가탑과 다보탑 | 월 일 |

| 19 | 바다의 왕, 장보고 | ★ 장보고
★ 청해진
★ 해상 무역 | 월 일 |

| 20 | 당나라에서 꿈을 펼친 최치원 | ★ 최치원
★ 육두품
★ 토황소격문
★ 시무책 10여조 | 월 일 |

16. 살아 있는 그림을 그린 솔거

★ 솔거 率居
신라 시대의 유명한 화가예요. 그가 그린 소나무를 진짜 소나무로 착각하고 새들이 부딪쳐 죽었다고 해요.

★ 황룡사 벽화 皇龍寺壁畵
임금 황, 용 룡, 절 사, 벽 벽, 그림 화
솔거가 황룡사에 그린 늙은 소나무 그림이에요. 안타깝게도 황룡사가 불에 타 버려 지금은 전해지지 않아요.

신라 진흥왕 때 솔거*라는 화가가 있었어요. 솔거는 집안 형편이 어려워서 그림 공부를 제대로 하지 못했어요. 하지만 개천에서 용 난다는 말처럼 어려운 환경 속에서도 혼자서 그림 그리는 법을 터득해 훌륭한 화가가 되었답니다.

어느 날, 솔거는 황룡사 스님에게 벽화*를 그려 달라는 부탁을 받고, 무슨 그림을 그릴까 한참을 고민했어요.

"그래, 내가 가장 잘 그리는 소나무를 그리자."

솔거는 자신 있게 소나무를 그리기 시작했어요. 비늘처럼 주름진 줄기와 구불구불한 가지, 그리고 파릇파릇한 솔잎이 순식간에 그림이 되어 나왔어요.

그런데 그림이 완성된 날부터 이상한 일들이 벌어지기 시작했어요. 참새, 제비, 까치 같은 새들이 벽화 밑에서 죽은 채로 발견된 거예요.

"아니, 이게 어떻게 된 일이지?"

"새들이 소나무 그림을 진짜 소나무로 착각한 게 아닐까?"

맞아요. 솔거가 그린 소나무 그림이 진짜 소나무 같았던 거예요. 그래서 새들이 날아들었다가 벽에 머리를 부딪친 거지요.

벽화에 대한 소문이 퍼지자, 사람들이 구름같이 모여들었어요.

"진짜 소나무 같잖아?"

"소나무에서 진짜 솔향이 퍼지는 것 같아!"

사람들은 너도나도 벽화를 만지며 신기해했어요. 그러다 보니 벽화는 점점 색이 바랬어요.

황룡사 주지 스님은 바래 버린 벽화가 눈에 거슬렸어요. 그래서 근처에 사는 화가를 급히 불러와서 색을 덧칠하게 했어요. 그런데 그 뒤부터 어찌된 일인지 새들의 발길이 뚝 끊기고 말았답니다.

확인 문제

1 솔거에 대한 설명으로 알맞은 것을 모두 찾아 선으로 이으세요.

솔거 •
- ㉠ 신라 시대의 뛰어난 화가예요.
- ㉡ 소나무 그림을 특히 잘 그렸어요.
- ㉢ 훌륭한 선생님께 그림을 배웠어요.

2 새들이 벽화 아래서 죽어 있었던 이유는 무엇인가요?

① 벽화 속 소나무를 진짜 소나무라고 착각했기 때문이에요.
② 벽이 그늘에 가려져 새들이 벽을 보지 못했기 때문이에요.
③ 벽화가 새들이 빠르게 날아가는 길목에 있었기 때문이에요.
④ 벽의 한쪽 면이 튀어나온 탓에 새들이 부딪쳤기 때문이에요.

3 이 글을 읽고 밑줄 친 '이곳'이 어디인지 빈칸에 쓰세요.

'이곳'은 신라 진흥왕 때 지어진 절이에요. 솔거가 그린 벽화에 새들이 날아와 부딪쳐 죽었다고 전해져요.

1줄 글쓰기

가난하여 그림을 배울 수 없었던 솔거는 어떻게 해서 뛰어난 화가가 될 수 있었을까요? 자신의 생각을 자유롭게 써 보세요.

17 깨달음을 찾아서, 원효와 혜초

★ **원효 元曉**
신라를 대표하는 스님이에요. 귀족만이 누릴 수 있었던 불교를 일반 백성들에게 알렸어요.

★ **해골물**
원효는 밤중에 맛있게 마신 물이 해골물이었다는 것을 알고 깨달음을 얻게 되었어요.

신라 문무왕 때 원효*라는 유명한 스님이 있었어요. 원효는 불교를 더 깊이 공부하기 위해 당나라로 떠나기로 했어요. 당나라로 가던 중, 밤이 되자 원효는 길가의 한 동굴에서 잠을 자기로 했어요. 그런데 한참을 곤하게 잠을 자고 있는데 갑자기 목이 말랐어요. 원효는 잠결에 손을 뻗어 머리맡을 더듬더듬했어요. 그러자 그릇이 손에 닿았어요. 원효는 어두운 동굴에서 일어나 그릇에 담긴 물을 벌컥벌컥 들이켰어요.

"물이 참 시원하고 달구나."

그리고 원효는 다시 잠이 들었어요.

다음 날 아침 잠에서 깬 원효는 간밤에 마셨던 물이 생각나서 머리맡에 있던 그릇을 찾았어요. 그런데 원효는 그릇을 끌어당기다가 깜짝 놀라고 말았어요. 왜냐하면 그릇인 줄 알았던 것이 다름 아닌 해골이었기 때문이에요.

"아니, 지난밤에 내가 마신 것이 해골에 담긴 썩은 물이었다고?"

원효는 속이 울렁거려서 참을 수가 없었어요.

"어젯밤 그렇게 맛있게 마셨던 물인데, 해골물*이란 걸 알고 나니 정말 역겹구나."

그 순간, 원효의 마음을 울리는 것이 있었어요.

"그래, 모든 것은 마음먹기 나름이야. 진리는 멀리 있는 게 아니라 내 마음속에 있는 거야."

원효는 그길로 다시 절로 돌아가 불교를 다시 연구했어요.

"부처님의 가르침을 귀족뿐 아니라 백성 모두에게 전하자."

그래서 원효는 부처님의 말씀을 백성들이 알기 쉽게 노래로 만들었어요. 그리고 곳곳을 다니며 백성들에게 불교를 전했어요. 원효의 노력 덕분에 신라의 백성들은 모두 부처님의 가르침을 알게 되었고, '나무아미타불'을 외며 자신의 마음을 닦을 수 있게 되었어요.

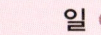　　　　　　　월　　　　일

이렇게 우리나라에 불교를 전하고 널리 퍼뜨린 사람은 또 있어요. 바로 통일신라 시대의 스님, 혜초*예요.

혜초는 704년, 신라 성덕왕 때 태어났어요. 열여섯 살에 당나라로 건너가 불교를 연구하던 혜초는 스승 금강지의 권유로 인도로 떠났어요. 금강지는 불교가 처음 생겨난 인도에서 온 스님이었거든요.

혜초는 책으로만 보던 부처님의 발자취를 따라 인도의 다섯 나라 곳곳을 다녔어요. 석가모니가 열반에 이른 곳, 석가모니가 가장 처음 부처님의 말씀을 전했던 곳 등 여러 성지들을 둘러보았지요.

"백 번 듣는 것이 한 번 보는 것만 못하다더니, 직접 와서 보길 잘했어!"

그러면서 곳곳의 생활습관과 자연환경, 역사를 자세히 기록했어요.

"이곳 사람들은 숟가락을 안 쓰고 손으로 밥을 먹네?"

"밥 먹을 땐 오른손, 화장실에선 왼손을 쓰는구나!"

"천축국(인도의 옛이름) 사람들은 소를 신성하게 생각하는구나."

혜초는 인도를 지나 서쪽 페르시아까지 갔어요. 돌아올 때는 메마른 사막과 높은 산을 지나 마침내 4년 만에 당나라에 도착했어요.

혜초는 그동안 여행하며 보고, 듣고, 느낀 것을 적어서 책으로 엮었어요. 바로, '인도의 다섯 나라를 다녀오다'라는 뜻의 《왕오천축국전》*이지요. 당시 당나라는 인도나 유럽과 교역을 했지만, 이렇게 생생하게 당나라 밖 새로운 세상을 알려주는 책은 처음이었어요.

《왕오천축국전》은 중국의 둔황이라는 불교의 성지에 묻혀 있다가 프랑스 학자의 눈에 띄어 세상에 나올 수 있었어요. 이 책은 지금까지 남아있는 가장 오래된 인도 여행기로 아주 소중한 책이에요.

★ **혜초** 慧超
신라 시대의 스님으로 인도와 주변 나라를 여행한 경험을 살려 《왕오천축국전》이라는 여행기를 남겼어요.

★ **《왕오천축국전》**
往五天竺國傳 갈 왕, 다섯 오, 하늘 천, 나라 이름 축, 나라 국, 전할 전
혜초가 인도의 다섯 나라와 주변 나라를 여행하고 다녀와서 남긴 여행기예요.

 진리 眞理 참 진, 다스릴 리　살아가는 데 기본이 되는 참된 도리.
열반 涅槃 개흙 열, 쟁반 반　승려가 죽는 것을 이르는 말.
성지 聖地 성인 성, 땅 지　종교적인 유적이 있는 곳.
교역 交易 사귈 교, 바꿀 역　나라와 나라 사이에 물건을 서로 사고팖.

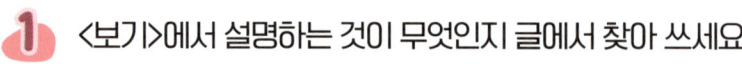

확인 문제

1. <보기>에서 설명하는 것이 무엇인지 글에서 찾아 쓰세요.

> 보기
> • 원효가 동굴에서 마셨다고 알려진 것이에요.
> • 원효가 깨달음을 얻게 되는 계기가 되었어요.

_____

2. 이 글에서 원효가 한 일로 알맞지 않은 것은 무엇인가요? (답 2개)

① 당나라에서 깊이 있는 불교 공부를 했어요.
② 귀족들에게만 부처님의 가르침을 전했어요.
③ 부처님의 말씀을 노래로 만들어 퍼뜨렸어요.
④ 백성들이 쉽게 부처님의 가르침을 알 수 있도록 노력했어요.

3. 이 글에서 알 수 있는 당시의 모습으로 알맞은 것에는 ○표, 틀린 것에는 X표 하세요.

(1) 일반 백성들은 불교에 아무 관심이 없었어요.

(2) 처음에는 귀족들만 부처님의 가르침을 공부할 수 있었어요.

(3) 유명한 스님이 없었던 탓에 불교가 널리 알려지지 않았어요.

4 혜초에 대한 설명으로 알맞은 것을 모두 찾아 선으로 이으세요.

혜초 •
- ㉠ 통일신라 시대의 스님이에요.
- ㉡ 당나라 유학을 포기하고 인도로 떠났어요.
- ㉢ 인도를 다녀와서 《왕오천축국전》을 썼어요.

5 이 글에서 일이 일어난 순서에 알맞게 기호를 쓰세요.

㉠ 혜초는 인도 출신 스님의 권유로 인도로 떠났어요.
㉡ 주변 나라까지 다녀온 혜초가 당나라로 돌아왔어요.
㉢ 인도에 도착한 혜초는 불교의 성지를 찾아다녔어요.
㉣ 혜초는 여행에서 경험하고 느낀 것을 책으로 남겼어요.

☐ → ☐ → ☐ → ☐

1줄 글쓰기

혜초는 인도에 도착한 후 어떤 기분이었을까요? 또 어떤 것을 느꼈을까요? 자신의 생각을 자유롭게 써 보세요.

18 아름다운 불국사에 전해지는 이야기

★ **김대성** 金大城
통일신라의 사람으로 부모님을 위해 불국사와 석굴암을 지었어요.

★ **불국사** 佛國寺
부처 불, 나라 국, 절 사
경북 경주시에 있는 절로, 김대성이 현생의 부모님을 위해 지었다고 전해져요.

★ **석굴암** 石窟庵
돌 석, 굴 굴, 암자 암
경북 경주시에 있는 석굴 사원이에요. 김대성이 전생의 부모님을 위해 지었다고 해요.

신라가 삼국을 통일한 지 얼마 지나지 않았을 때의 일이에요. 모량리라는 시골 마을에서 김대성*이라는 아이가 태어났어요. 가난한 형편 탓에 어머니와 김대성은 부잣집의 일손을 도우며 살았어요.

그러던 어느 날 대성이 일을 하던 주인집에 한 스님이 시주를 받으러 왔어요. 주인이 스님에게 큰돈을 내놓자, 스님은 주인에게 큰 복이 내릴 것이라는 축복을 내려 주었어요. 김대성은 집으로 가서 어머니에게 말했어요.

"어머니, 우리도 큰돈을 시주해서 복을 받읍시다."

가난한 형편이었지만 김대성의 어머니는 스님에게 재산을 모두 내놓았어요.

그런데 몇 달 후 ㉠ 마른 하늘에 날벼락 같은 일이 생겼어요. 김대성이 갑자기 죽고 만 거예요. 바로 그때 마을에서 손꼽히는 부자인 김문량 집에 큰 소리가 들렸어요.

"모량리 사는 대성이를 너희 집에 맡기노라."

그날로 김문량의 아내는 아이를 배더니 아들을 낳았어요. 이후 김문량은 모량리에 살던 김대성이 죽던 그날 자기에게 아들이 생긴 것을 알게 되었어요. 그래서 태어난 아이의 이름을 '대성'이라 지었어요. 그리고 김대성의 어머니를 데리고 와 새로 태어난 대성과 함께 살게 했어요.

전생의 어머니와 현생의 부모님 덕분에 무럭무럭 자란 김대성은, 훗날 신라의 높은 관리가 되었어요.

"내가 잘 살 수 있는 것은 부처님과 이번 생의 부모님 덕분이야. 부처님의 나라를 이곳에 만들자."

김대성은 현생의 부모님을 위해 불국사*를 지었어요. 그리고 전생의 부모님을 위해 석굴암*(원래 이름은 석불사)을 지었어요. 석굴암은 돌을 쌓아 만든 굴 안에 부처님과 불교의 신이 조각되어 있어요.

낱말
시주 施主 베풀 시, 주인 주　남을 돕는 마음으로 절이나 스님에게 돈 등을 주는 일.
전생 前生 앞 전, 날 생　불교에서 말하는 이 세상에 태어나기 전에 살던 세상이나 삶.
현생 現生 나타날 현, 날 생　불교에서 말하는 지금 살고 있는 세상이나 삶.

월   일

불국사 마당에는 석가탑*이라 불리는 불국사 3층석탑과 다보탑*이 서 있어요. 단단한 석가탑과 아름다운 다보탑은 불국사에 멋을 더해 주지요. 이 중 석가탑은 '무영탑'이라고도 불리는데, 이 이름에 얽힌 슬픈 사랑 이야기가 전해지고 있어요.

옛날 백제 땅에 아사달과 아사녀 부부가 살고 있었어요. 아사달은 돌을 깎아 아름다운 조각품을 만드는 석공이었어요. 어느 날, 불국사 뜰에 세울 탑을 만들어 달라는 부탁을 받은 아사달은 아내 아사녀를 남겨 두고 신라의 도읍인 서라벌로 떠났어요.

아사녀는 아사달이 돌아오기를 손꼽아 기다렸어요. 하지만 3년이 지나도록 아사달에게서는 아무 소식이 없었어요. 아사달을 너무 보고 싶었던 아사녀는 사람들에게 물어물어 불국사로 찾아갔어요. 하지만 아사달을 만날 수 없었어요. 문지기가 버티고 서서 아무도 못 들어가게 했기 때문이에요.

"탑이 완성될 때까지는 아무도 들어갈 수 없습니다. 그러니 절 아래 있는 연못가에서 기다리십시오. 탑이 완성되면 연못에 그림자가 비칠 것입니다."

아사녀는 매일같이 연못에 나가 탑이 완성되기를 빌었어요. 하지만 아무리 기다려도 탑 그림자는 보이지 않고, 심지어 아사달이 신라 공주와 결혼한다는 소문까지 들려왔어요. 슬픔에 빠진 아사녀는 연못으로 뛰어들어 죽고 말았답니다.

한편 탑을 완성한 아사달은 아사녀가 왔다는 소식을 듣고 부리나케 연못으로 달려갔어요. 하지만 아사녀는 그 어디에도 없었어요. 뒤늦게 아사녀가 죽은 것을 안 아사달은 슬피 울었어요.

사람들은 아사녀의 안타까운 죽음을 기리며, 연못의 이름을 '그림자 연못'이라는 뜻의 '영지'라고 불렀어요. 그리고 연못에 그림자를 비추지 않은 석가탑을 '그림자가 없는 탑'이란 뜻으로 '무영탑'이라 불렀어요.

★ **석가탑** 釋迦塔
풀 석, 부처이름 가, 탑 탑
백제의 석공 아사달이 만든 돌탑으로, 정식 명칭은 '불국사 3층 석탑'이에요.

★ **다보탑** 多寶塔
많을 다, 보배 보, 탑 탑
석가탑과 함께 우리나라의 가장 대표적인 돌탑이에요. 정식 명칭은 '경주 불국사 다보탑'이에요.

확인 문제

1 김대성의 탄생 이야기를 정리한 것이에요. 이 글의 내용과 맞지 않는 것을 찾아 기호를 쓰세요.

전생
- ㉠ 모량리에서 가난한 집 아들로 태어났어요.
- ㉡ 대성의 어머니는 너무 가난해 시주를 하지 못했어요.

현생
- ㉢ 부잣집에서 김문량의 아들로 태어났어요.
- ㉣ 다시 태어난 후에도 대성이라고 이름 지어졌어요.

_____

2 밑줄 친 속담 ㉠ <u>마른 하늘에 날벼락</u>의 뜻으로 알맞은 것은 무엇인가요?

① 무엇을 얻거나 이루기가 매우 어렵다.
② 갈수록 더욱 어렵고 곤란한 일만 생긴다.
③ 싫은 일을 좋은 체하며 마지못해서 한다.
④ 뜻하지 않은 상황에서 불행한 일을 당하다.

3 이 글을 읽고 빈칸에 알맞은 말을 쓰세요.

김대성은 효성이 매우 깊은 사람이었어요. 그는 현생과 전생의 부모님의 은혜를 갚기 위해 ㉠ 와 ㉡ 을 지었어요.

㉠ _____   ㉡ _____

4. 다음 문화 유적에 대한 설명으로 알맞은 것에는 ○표, 틀린 것에는 X표 하세요.

▲ 석가탑

(1) '무영탑'이라는 이름으로도 불려요. ☐

(2) 불국사에 있는 3층짜리 석탑이에요. ☐

(3) 신라 제일의 석공 아사달이 만들었어요. ☐

5. 이 글의 내용과 맞지 않는 것은 무엇인가요?

① 아사녀는 아사달을 그리워하다가 연못에 몸을 던졌어요.
② 아사달은 탑을 만들러 가서 오랫동안 돌아오지 않았어요.
③ 아사녀는 탑이 완성될 때까지 아사달을 만나지 못했어요.
④ 아사달이 신라 공주와 결혼하자 아사녀는 슬픔에 빠졌어요.

1줄 글쓰기

만약 문지기가 아사달과 아사녀를 만나게 해 주었더라면 어떻게 되었을까요? 자유롭게 상상해서 써 보세요.

19 바다의 왕, 장보고

★ **장보고** 張保皐
통일신라 시대의 장군이에요. 당나라 해적을 쫓아내고 해상 무역까지 장악했어요.

장보고*는 완도에 있는 작은 섬에서 태어나 자랐어요. 그는 말타기, 활쏘기, 수영 등을 잘했지만 신분이 매우 낮아서 늘 무시를 당했어요. 장보고가 살았던 신라 시대에는 태어날 때부터 신분이 정해져 있어서, 아무리 뛰어나도 신분이 낮으면 그 능력을 발휘할 기회가 없었어요. 하지만 장보고는 누구보다 성공하고 싶었어요.

"호랑이는 죽어서 가죽을 남기고 사람은 죽어서 이름을 남긴다고 했어. 당나라로 가서 꼭 성공하고 말 거야!"

당시 당나라는 외국인이라도 능력이 있으면 출세를 할 수 있었거든요. 그래서 주변 여러 나라에서 건너온 외국인들이 제 뜻을 마음껏 펼치며 살고 있었지요. 당나라로 건너간 장보고는 성실하고 무예가 뛰어나 곧 장군이 되었어요. 장보고는 그곳에서 지내면서 당나라가 이웃 여러 나라와 무역을 했기 때문에 부강해졌다는 것을 알게 되었어요.

그런데 어느 날, 장보고는 당나라 해적에게 붙잡혀 노예로 살고 있는 신라인들을 보게 되었어요. 장보고는 자신의 성공도 중요했지만 같은 신라인의 고통을 보고 그냥 지나칠 수 없었어요. 그래서 그는 모든 재산과 지위를 모두 버리고 신라로 돌아왔어요.

그 무렵 신라 흥덕왕도 해적 때문에 골머리를 앓고 있었어요. 장보고는 왕에게 가서 해적을 물리치기 위한 군대를 달라고 했어요.

"더 이상 신라인들이 당나라 해적에게 붙잡혀 노예로 팔려 가는 일이 생겨서는 안 됩니다."

흥덕왕은 흔쾌히 장보고에게 군사를 내어 주었어요.

장보고는 해적들이 자주 나타나는 바다 앞 섬에 청해진*을 설치했어요. 그리고 눈부신 활약을 펼쳐 해적을 모두 없애 버렸어요.

이후 장보고는 청해진을 중심으로 신라, 당나라, 일본을 잇는 바닷길을 만들었어요. 이 바닷길을 이용해 신라는 주변 나라와 무역을 시작했지요. 마침내 청해진은 해상 무역*의 중심지로 크게 떠올랐어요.

이 같은 장보고의 활약으로 9세기 무렵 신라는 우리나라 역사에서 가장 넓은 바닷길을 차지했어요. 가까운 당나라나 일본뿐 아니라 동남아시아 및 아랍과의 중계 무역까지 이루어졌지요. 장보고는 동아시아의 해상 무역왕으로 이름을 알리게 되었답니다.

바닷길 무역으로 신라는 나라 살림이 넉넉해졌어요. 하지만 장보고의 힘이 커지자 귀족들은 그 힘이 더 커질 것이 두려워 그를 없앴어요. 장보고가 죽은 뒤로 청해진도 없어지고 말았고 신라는 바닷길 무역에서 힘을 잃고 말았답니다.

★ **청해진** 淸海鎭
맑을 **청**, 바다 **해**, 진압할 **진**
청해진은 장보고가 지금의 완도에 설치했던 해군·무역 기지였어요. 지금은 〈완도 장보고 박물관〉이 있어요.

★ **해상 무역** 海上貿易
바다 **해**, 윗 **상**, 무역할 **무**, 바꿀 **역**
바닷길을 통해 나라끼리 서로 물건을 사고파는 일이에요.

출세 出世 날 출, 세대 세 사회적으로 높은 지위에 오르거나 유명해짐.
중계 무역 中繼貿易 가운데 중, 이을 계, 무역할 무, 바꿀 역
다른 나라로부터 사들인 물건을 그대로 다른 나라로 수출하는 형태의 무역.
반역 反逆 이길 반, 거스를 역 나라와 민족, 또는 지배자의 자리를 빼앗으려고 함.

확인 문제

1 장보고에 대한 설명으로 알맞은 것을 모두 찾아 선으로 이으세요.

장보고 •
- ㉠ 신라에서 당나라 해적들을 모두 몰아냈어요.
- ㉡ 신라 귀족 출신으로 당나라 장군이 되었어요.
- ㉢ 신라가 해상 무역을 하는 데 큰 영향을 끼쳤어요.

2 이 글의 장보고가 아래 질문을 듣고 할 말로 알맞은 것은 무엇인가요?

> 질문 : 당나라에서 장군이 되셨는데 신라로 돌아오신 이유는 무엇인가요?

① 신라로 돌아가 성공하고 싶었기 때문입니다.
② 고향에 계신 어머니를 보고 싶었기 때문입니다.
③ 당나라에서의 생활이 너무나 외로웠기 때문입니다.
④ 신라인들이 노예로 잡히는 것을 두고 볼 수 없었기 때문입니다.

3 이 글에서 알 수 있는 당시의 모습으로 알맞은 것에는 ○표, 틀린 것에는 ✕표 하세요.

(1) 신라 바다에서 당나라 해적들이 기승을 부렸어요.

(2) 나라와 나라 사이에 물건을 사고팔기도 하였어요.

(3) 신라의 모든 백성은 평등한 기회를 얻을 수 있었어요.

4 <보기>에서 설명하는 것이 무엇인지 글에서 찾아 쓰세요.

> 보기
> - 장보고가 설치한 해군 기지이자 무역 기지예요.
> - 신라와 당나라, 일본을 잇는 해상 무역의 중심지였어요.

_____

5 이 글에서 일이 일어난 순서에 알맞게 기호를 쓰세요.

> ㉠ 장보고가 당나라로 건너가 장군이 되었어요.
> ㉡ 장보고를 두려워한 귀족들이 장보고를 없앴어요.
> ㉢ 장보고는 신라로 돌아와 당나라 해적들을 물리쳤어요.
> ㉣ 장보고는 나라들 사이의 해상 무역 활동을 이끌었어요.

☐ → ☐ → ☐ → ☐

1줄 글쓰기

장보고가 바다의 왕으로 불리게 된 이유는 무엇일까요? 자신의 생각을 자유롭게 써 보세요.

_____
_____
_____
_____
_____

20 당나라에서 꿈을 펼친 최치원

★ **최치원** 崔致遠
통일신라 말기의 학자로, 당나라에서 이름을 날린 후 신라로 돌아와 개혁에 힘썼어요.

★ **육두품** 六頭品
여섯 육, 머리 두, 물건 품
신라의 신분제는 맨 위의 성골부터 진골, 6두품, 5두품, 4두품 등으로 신분이 나뉘어 있었어요. 최치원의 집안은 진골 아래인 6두품 신분이었어요.

신라 문성왕 때, 한 고을에는 골칫거리가 있었어요. 원님이 부임하기만 하면 원님의 아내가 사라져 버리는 거였죠. 그래서 모두들 그 고을에 가기를 꺼렸답니다. 그런데 어느 한 용감한 선비가 나섰어요. 선비는 부임한 첫날 밤 아내의 발목에 명주실을 감아 놓았답니다.

원님은 실 꾸러미를 꼭 쥐고 아내를 지켰어요. 한밤중이 되자, 갑자기 바람이 불어와 촛불이 꺼졌어요. 다시 불을 밝혔을 때, 원님의 아내는 그 어디에도 없었어요. 원님은 아내를 찾기 위해 길을 따라 늘어진 명주실을 따라갔어요.

명주실은 산속 외딴 동굴까지 이어져 있었어요. 원님이 동굴 안으로 들어가 보니, 아내가 한구석에서 벌벌 떨고 있었어요. 그 옆에는 털이 덥수룩한 도둑이 잠들어 있었지요. 원님은 칼을 뽑아 단칼에 도둑을 잡았어요. 그러자 도둑은 금빛 찬란한 털을 가진 멧돼지로 변해 죽었어요.

"고생했소. 어서 산을 내려갑시다."

원님은 아내를 데리고 산을 내려왔어요. 그리고 열 달 뒤, 잘생긴 사내아이가 태어났는데 이 아이가 바로 최치원*이랍니다.

최치원은 어려서부터 신동이라 불렸어요. 마을 사람들 모두 최치원의 총명함에 감탄했어요.

"저 아이는 하나를 듣고도 열을 안대."

하지만 최치원의 아버지는 마냥 좋아할 수만은 없었어요. 왜냐하면 그때 신라는 태어날 때부터 신분이 정해져 있어서 아무리 똑똑해도 그 재능을 다 펼치기 어려웠기 때문이에요. 최치원의 집안은 6두품*이어서 높은 관직에는 나갈 수 없었지요.

그래서 최치원의 아버지는 아들이 12살 되던 해에 당나라로 유학을 보내기로 결정했어요. 당나라로 떠나보내기 전, 최치원의 아버지는 아들에게 단단히 일렀어요.

"10년 안에 과거에 합격하지 못하면 돌아오지 마라!"

어린 아들을 떠나 보내며 너무 매섭게 말한 듯하지만, 최치원의 아버지는 대대로 학문으로 이름 났던 집안의 자부심을 되새겨 준 것이었어요.

최치원은 밤낮으로 쉬지 않고 공부했어요. 그리고 마침내 당나라로 간 지 7년 만에 외국인을 위한 과거 시험에서 당당히 상원으로 합격했어요. 최치원은 뛰어난 글솜씨로 곧 벼슬을 얻었어요.

그런데 그 무렵 당나라에서 큰 일이 벌어졌어요. 황소라는 사람이 당나라 궁궐을 차지하고 스스로 황제가 된 것이지요. 이때 최치원이 나서서, 황소에게 항복을 권유하기 위한 글*을 썼어요. 글솜씨가 얼마나 대단했는지 이 글을 읽던 황소가 너무 놀라 의자에서 굴러 떨어졌다는 이야기가 전해질 정도였지요.

최치원은 17년 동안 당나라에 머물면서 유명한 학자들과 사귀며 글솜씨가 더욱 좋아졌어요. 하지만 최치원은 당나라의 벼슬을 버리고 28살에 신라로 돌아왔어요.

최치원은 당나라에서의 경험을 살려 나라를 개혁하는 글인 〈시무책 10여 조〉*를 진성 여왕에게 올렸어요. 그때 신라는 신분제 때문에 나라가 병들어 가고 있었거든요. 왕의 힘은 약해지고, 지방의 귀족들은 반역을 꿈꾸었지요. 그리고 무거운 세금에 시달리던 농민들은 난을 일으켰어요.

〈시무책 10여 조〉는 이러한 문제를 해결하기 위해 최치원이 온 힘을 들여 만든 개혁안이었어요. 그러나 귀족들은 최치원을 시기하며 개혁안을 따르지 않았어요. 낙담한 최치원은 모든 것을 버리고 이곳저곳을 떠돌아다니다가 가야산 해인사에서 남은 생을 마쳤다고 전해지고 있어요.

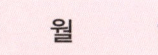

★ **토황소격문** 討黃巢檄文
최치원이 반란을 일으킨 황소를 꾸짖기 위해 쓴 글이에요.

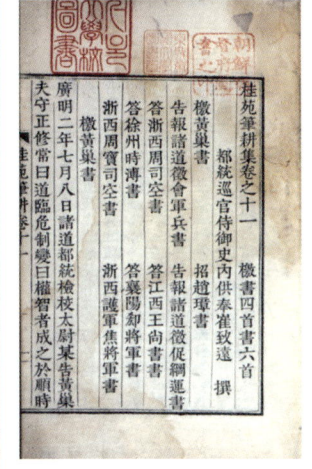

★ **시무책 10여조** 時務策十餘條
최치원이 신라 사회 개혁을 위해 진성 여왕에게 올렸던 개혁안이에요.

확인 문제

1 최치원에 대한 설명으로 알맞은 것을 모두 찾아 선으로 이으세요.

최치원 •
- ㉠ 당나라에서 문장가로 이름을 알렸어요.
- ㉡ 신라의 최고 귀족으로서 나라를 다스렸어요.
- ㉢ 신라 개혁을 위해 〈시무책 10여조〉를 만들었어요.

2 이 글에서 원님이 아내를 찾기 위해 생각해 낸 방법은 무엇인가요?

① 아내의 발목에 명주실을 감아 놓는 것
② 아내의 발에 검정색 먹을 묻혀 놓는 것
③ 아내의 발목에 작은 방울을 달아 놓는 것
④ 아내와 자신의 손목에 명주실을 감아 놓는 것

3 이 글의 중심 내용으로 알맞은 것은 무엇인가요?

① 어지러운 정치를 바로잡은 최치원
② 당나라에서 이름을 널리 알린 최치원
③ 신라의 개혁을 꿈꾸었던 천재 최치원
④ 어릴 때부터 똑똑하고 영리했던 최치원

4 이 글에서 알 수 있는 당시의 모습으로 알맞은 것에는 ○표, 틀린 것에는 X표 하세요.

(1) 당시 신라는 나라 안팎이 평화로웠어요.

(2) 당나라에서는 외국인도 벼슬에 오를 수 있었어요.

(3) 신라의 귀족들은 신라 사회를 바꾸고자 노력했어요.

5 빈칸에 들어갈 알맞은 속담은 무엇인가요?

> 어릴 적 신동으로 불리던 최치원처럼 한마디 말만 듣고도 여러 가지 사실을 미루어 알아낼 정도로 매우 똑똑하다는 뜻을 나타낼 때 '　　　　　'(이)라고 해요.

① 장님 코끼리 만지는 격
② 하나를 듣고 열을 안다
③ 낫 놓고 기역 자도 모른다
④ 서당 개 삼 년에 풍월을 읊는다

1줄 글쓰기

만약 최치원이 후손들에게 바라는 점을 편지로 남긴다면 뭐라고 쓸까요? 자신의 생각을 자유롭게 써 보세요.

꼬레아! 꼬레아!

옛날에도 지금처럼 이웃 나라와 무역을 했어요. 신라 시대에는 청해진을 중심으로 당나라 및 일본과 무역이 활발하게 이루어졌어요.

고려 시대에는 대표적인 무역항인 벽란도가 있었어요. 지금의 개경 근처 앞바다에 있는 항구로, 날마다 다양한 사람들이 드나들며 북새통을 이뤘어요. 송나라, 일본 등 이웃나라 사람들은 물론 저 멀리 아라비아 사람들까지 벽란도를 찾아 고려의 특산품을 사고, 자기들이 가져온 물건을 팔았지요.

특히 고려의 금, 은, 인삼은 외국 상인들에게 인기가 많았어요. 인삼은 오래전부터 우리나라에서 약재로 쓰였는데, 그 효과를 알게 된 송나라 상인들은 너도나도 고려 인삼을 사려고 벽란도로 왔지요. 또 금과 은이 다른 나라보다 쌌기 때문에 아라비아 상인들이 많이 사들였어요. 또한 고려의 뛰어난 기술로 만든 고려 종이는 얇고 질겨서 상인들에게 불티나게 팔렸어요.

▲ 나전칠기로 만든 상자

▲ 상감국화모란유로죽문 매병

다른 나라에서 온 상인들도 각자 자기 나라에서 유명한 물건을 벽란도 시장에 내놓았어요. 송나라 상인들은 다채로운 색깔의 비단과 향긋한 차를 가지고 왔고, 아라비아 상인들은 고려에서는 볼 수 없는 산호나 향료, 보석을 가져와 팔았지요.

이렇게 벽란도에 들어온 아라비아 상인들을 통해 '고려'는 중동과 유럽 여러 나라에 알려지게 되었고, 그때부터 우리나라는 '꼬레아'라고 불리게 되었어요. 지금 우리나라의 영어 이름인 '코리아(Korea)'는 '꼬레아'에서 비롯된 말이지요.

▶ 고려의 청동 거울, 황비창천명

5주
고려를 지킨 사람들

후삼국을 통일하고 새로 세워진 고려는, 북쪽과 남쪽에서 끊임없이 외적의 침략을 받았어요. 하지만 지혜와 용기로 나라를 지킨 인물들이 있어 고려는 오랫동안 안정을 누릴 수 있었지요. 때로는 전쟁으로 때로는 말솜씨로 나라를 지킨 여러 인물들의 발자취를 따라 함께 떠나 봐요!

학습 내용

21	말솜씨로 거란을 무찌른 서희	★ 서희 ★ 소손녕 ★ 강동 6주	월 일
22	될성부른 나무, 강감찬	★ 강감찬 ★ 소배압 ★ 흥화진 ★ 귀주대첩	월 일
23	여진족을 무찌른 윤관의 지혜	★ 윤관 ★ 여진족 ★ 동북 9성	월 일
24	흙을 먹는 남자, 최무선	★ 최무선 ★ 홍건적 ★ 화통도감 ★ 왜구 ★ 진포대첩	월 일
25	목화로 백성을 따뜻하게 한 문익점	★ 문익점 ★ 목화솜 ★ 무명	월 일

21 말솜씨로 거란을 무찌른 서희

★ **소손녕** 蕭遜寧
거란의 장수예요. 고려에 쳐들어와서 서희와 담판을 벌였으나 서희에게 설득당해 강동 6주를 고려에 넘겨주었어요.

★ **서희** 徐熙
고려의 외교관이에요. 고려에 거란이 쳐들어왔을 때 현명하게 협상하여 고려의 땅을 넓힐 수 있게 하였어요.

고려는 왕건이 고구려의 정신을 이어받아 한반도에 세운 나라예요. 그러나 압록강까지 이르는 옛 고구려의 땅은 가지지 못했지요. 고려는 고구려의 옛 땅을 되찾기 위해 열심히 노력했지만 쉽지 않았어요. 왜냐하면 그 무렵 만주 대륙은 거란이 지배하고 있었어요. 거란은 고구려의 유민들이 세운 나라인 발해를 멸망시키고 점점 세력을 넓혀 갔지요. 그러니 고려와 거란의 사이가 좋을 리가 없었지요.

한편, 중국 땅에는 송나라가 세워졌는데, 고려는 거란을 압박하기 위해 송나라와 친하게 지냈어요. 그러자 거란은 이것을 핑계로 993년에 고려를 먼저 공격해 왔어요. 거란의 장수 소손녕*은 80만 명의 군대를 이끌고 와 큰 소리를 치며 고려를 위협했지요.

그러자 고려의 신하들은 둘로 나뉘어 주장을 펼쳤어요.

"거란에 고려 땅을 일부 내어 주고 화해를 하는 것이 좋겠소!"

"그게 무슨 소리오? 고구려의 옛 땅을 되찾지는 못할망정, 우리 땅을 내주자니!"

서희*는 거란에 항복하지 말자는 편에 서서 임금님을 설득했어요.

"거란은 사실 전쟁을 일으키고 싶어 하지 않습니다. 그저 우리 고려가 송과 친하게 지내는 것을 막기 위해 협박하는 것뿐입니다."

한참을 고민하던 성종 임금은 서희의 말에 고개를 끄덕이며, 서희에게 거란과 협상하도록 명했어요.

"서희, 자네가 가서 소손녕과 담판을 짓고 오시오."

"그래, ㉠ <u>호랑이에게 물려가도 정신만 차리면 산다</u>고 했어. 전쟁이 아니더라도 거란과 친하게 지내며 고구려 땅도 되찾을 방법이 있을 거야!"

유민 遺民 남길 유, 백성 민   망하여 없어진 나라의 백성.
협상 協商 화합할 협, 장사 상   문제를 해결하기 위해 여러 가지 의견을 토론함.
국경 國境 나라 국, 지경 경   나라와 나라의 땅이 서로 맞닿아 있는 곳.

서희는 꼼꼼하게 전략을 세우고 거란의 진영으로 향했어요. 소손녕은 자신을 찾아온 서희에게 이렇게 말했어요.

"발해를 무너뜨린 우리가 발해 땅을 갖는 게 당연하지 않소! 고려는 신라를 계승한 나라이니 고구려의 땅을 가질 이유가 없소."

소손녕의 뻔뻔한 태도에도 서희는 눈 하나 깜짝 않고 침착하게 대답했어요.

"당신이 뭘 모르나 본데 고려는 고구려를 계승한 나라요. 그래서 우리 이름도 고려라오. 오히려 당신들이 우리 땅을 빼앗아 차지하고 있는 것이오."

그러자 소손녕은 다른 핑계를 댔어요.

"고려는 우리와 국경을 마주하고 있으면서도 왜 송과 무역을 하고 친하게 지내는 것이오?"

서희는 답답하다는 듯한 표정을 지으며 소손녕에게 대답했어요.

"국경 지역인 압록강 근처를 여진족이 가로막고 있지 않소? 그들 때문에 우리가 당신들 거란과 사이좋게 지내고 싶어도 그럴 수가 없지 않소!"

서희는 말을 이어나갔어요.

"당신들이 여진족을 물리쳐 그 땅을 우리에게 돌려준다면 당신들과 친하게 지낼 수 있을 텐데, 참으로 안타깝소."

이렇게 서희는 한 발짝도 물러서지 않고 고려의 의견을 주장했어요. 소손녕은 다른 핑계를 찾을 수 없어 할 말을 잃었어요. 결국 소손녕은 서희에게 설득당해 압록강 근처에서 여진족을 내쫓을 것을 약속했어요. 그뿐 아니라 선물로 낙타와 말, 양, 비단 등을 보냈어요.

그 후 고려는 서희의 담판으로 얻은 압록강 지역에 '강동 6주*'를 설치해 다스렸어요. 서희 덕분에 고려는 전쟁을 벌이지 않고도 청천강에서 압록강까지 영토를 넓힐 수 있었던 것이지요.

★ **강동 6주** 江東六州
강 **강**, 동녘 **동**, 여섯 **육**, 고을 **주**
압록강 동쪽에 있는 6개의 주. 압록강과 청천강 사이의 넓은 지역으로 고려가 대륙 세력을 막는 데 중요한 역할을 했어요.

확인 문제

1 이 글의 내용과 맞는 것에는 ○표, 틀린 것에는 X표 하세요.

(1) 거란은 고려가 송나라와 친하게 지내는 것이 싫었어요.

(2) 고려는 거란의 속마음을 알고 먼저 거란을 공격했어요.

(3) 거란의 소손녕은 많은 군사를 앞세워 고려를 협박했어요.

2 밑줄 친 속담 ㉠ 의 뜻으로 알맞은 것은 무엇인가요?

① 무슨 일이든지 그 일의 시작이 중요하다.
② 아무리 쉬운 일이라도 서로 힘을 합하면 훨씬 쉽다.
③ 잘 아는 일이라도 꼼꼼하게 확인하고 조심해야 한다.
④ 위급한 상황이라도 정신만 차리면 위기를 벗어날 수 있다.

3 이 글에서 나오는 서희의 성격으로 알맞은 것을 모두 찾아 기호를 쓰세요.

보기 ㉠ 용감해요   ㉡ 겁이 많아요   ㉢ 신중해요   ㉣ 끈기 있어요

4 서희와 소손녕이 각자 주장한 내용을 알맞게 찾아 선으로 이으세요.

(1) 서희 •
(2) 소손녕 •

• ㉠ 고려는 고구려를 계승한 나라이다.
• ㉡ 고구려는 신라를 계승한 나라이다.
• ㉢ 옛 고구려 땅은 발해를 무너뜨린 거란의 것이다.
• ㉣ 여진족을 쫓아 주면 거란과 친하게 지낼 것이다.

5 이 글의 내용과 맞지 않는 것은 무엇인가요?

① 서희는 거란의 장군 소손녕과 담판을 벌였어요.
② 서희는 거란에 많은 돈을 바친 뒤 압록강 땅을 되찾았어요.
③ 소손녕은 서희의 말에 설득당해 옛 고구려 땅을 돌려주었어요.
④ 고려는 서희의 활약 덕에 압록강 지역을 되찾고 강동 6주를 설치했어요.

1줄 글쓰기

만약 서희가 우리가 사는 시대에 태어났다면 어떤 직업을 가졌을까요? 자유롭게 상상해서 써 보세요.

22 될성부른 나무, 강감찬

★ **강감찬** 姜邯贊
고려의 명장이에요. 고려에 거란이 다시 쳐들어왔을 때 귀주에서 거란군을 크게 물리쳤어요.

향리 鄕吏 시골 향, 벼슬아치 리
고려·조선 때 관청에 딸려 벼슬아치 밑에서 일하던 사람.

호시탐탐 虎視眈眈 범 호, 볼 시, 노려볼 탐, 노려볼 탐
남의 것을 빼앗기 위해 상황을 살피며 기회를 엿봄.

지략 智略 지혜 지, 다스릴 략
어떤 일이나 문제를 해결할 뛰어난 방법.

강감찬*은 고려 시대의 장수로, 어려서부터 학문과 무예에 뛰어난 소질을 보였어요. 마을 사람들은 모두들 강감찬의 재능을 칭찬했어요.

"강감찬은 나중에 큰 인물이 될 거야."

"그러게나 말야, ㉠ 될성부른 나무는 떡잎부터 알아본다고 하지 않는가!"

남달리 재주가 뛰어났던 강감찬은 젊은 나이에 고을 원님이 되었어요. 하지만 고을의 향리들은 나이 어린 원님을 얕잡아 보았어요. 그들은 강감찬을 자신들의 손아귀에 넣고 싶어했어요.

강감찬은 사사건건 자신을 무시하는 향리들을 혼내 주기로 마음먹고, 향리들을 한자리에 불러 모았어요.

"자네들은 밭에 가서 수숫대를 하나씩 잘라 오게, 수숫대를 자른 다음에는 반드시 소매 속에 넣어 가지고 와야 하네."

향리들은 별 심부름을 다 시킨다고 투덜댔어요. 하지만 원님의 명령이니 거스를 수가 없었지요. 향리들은 저마다 수숫대를 하나씩 잘라 소매 속에 넣었어요. 하지만 수숫대가 너무 길어서 소매 속에 다 들어가지 않았어요. 향리들은 하는 수 없이 수숫대의 한쪽 끝만 소매 속에 넣고 허우적대며 돌아왔어요. 강감찬은 웃음이 나는 것을 꾹 참고 이렇게 말했어요.

"자네들은 그 수숫대가 몇 년이나 자랐는지 아는가?"

"수수는 한해살이풀이라 일 년이면 다 자랍니다."

"그래, 일 년 된 수숫대도 소매 속에 넣지 못하면서 어찌 나를 자네들 손안에 넣으려고 하는가?"

강감찬의 나무람에 향리들은 할 말을 잃고, 더 이상 원님이 어리다고 깔보지 않았답니다.

강감찬은 뛰어난 재능을 인정받아 높은 벼슬을 지냈어요. 그 무렵 고려의 북쪽에서는 거란이 호시탐탐 고려 땅을 노렸어요. 결국 거란은 1018년 겨울에 10만 대군을 이끌고 고려를 침략했어요. 거란의 장수 소배압*은 기세등

100

등하게 압록강을 건너 흥화진까지 쳐들어왔어요.

　나라가 혼란에 빠진 가운데 임금님이 피란을 가고, 많은 백성들도 그 뒤를 따랐어요. 그때 강감찬은 일흔의 나이였지만 거란군에 맞서 싸우기 위해 나섰어요.

"군사의 수로는 우리가 거란군을 이길 수 없어. 지략으로 맞설 수밖에."

　강감찬은 흥화진 언덕에 서서 주변을 살펴보았어요. 그러더니 소가죽을 이어 큰 보자기를 만들라고 지시했어요. 그리고 흥화진 동쪽의 삼교천으로 가서 소가죽을 이용해 물을 막았어요. 얕아 보이는 삼교천을 거란족은 걸어서 건너려고 했지요. 그때 강감찬은 소가죽을 터서 물을 터뜨렸어요. 갑자기 밀려온 거센 물살에 수많은 거란 군사들이 떠내려갔지요.

　살아남은 거란의 군사들은 서둘러 개경(개성의 고려 때 이름)으로 향했어요. 그러나 곳곳에서 고려군에게 격파당해 다음 해가 되어서야 가까스로 개경 근처 마을에 도착할 수 있었지요. 그러나 마을은 텅 비어 있었어요. 백성들은 이미 개경 안으로 옮겨 갔고, 마을에는 쌀 한 톨, 물 한 방울 남아 있지 않았지요.

　거란군은 오랜 싸움에 지친 데다가, 먹을 것도 부족해지자 거란으로 돌아가기로 했어요. 강감찬은 기회를 놓치지 않고 거란군을 공격했어요. 이 전투가 바로 '귀주대첩*'이에요. 귀주에서 벌어진 이 전투에서 고려는 큰 승리를 거두었어요. 겨우 수천 명만 살아 돌아간 거란은 다시는 고려를 침략할 꿈도 꾸지 못했답니다.

★ **소배압** 姜邯贊
거란의 장수예요. 대군을 이끌고 고려에 쳐들어왔으나 강감찬 장군의 꾀에 넘어가 크게 패배하였어요.

★ **흥화진** 興化鎭
강동 6주 중 하나로 평안북도 의주에 있던 작은 요새예요.

★ **귀주대첩** 龜州大捷
거란의 3차 침입 때 강감찬 장군이 거란군을 귀주에서 크게 무찌른 전투예요.

확인 문제

1 이 글의 내용과 맞는 것에는 ○표, 틀린 것에는 X표 하세요.

(1) 향리들은 나이가 어린 강감찬을 얕보았어요.

(2) 향리들은 강감찬이 시킨 일을 거뜬하게 해냈어요.

(3) 강감찬은 자신을 무시하는 향리들에게 불같이 화냈어요.

2 밑줄 친 속담 ㉠ 될성부른 나무는 떡잎부터 알아본다의 뜻으로 알맞은 것은 무엇인가요?

① 어려운 환경에서도 훌륭한 사람이 나올 수 있다.
② 잘될 사람은 어려서부터 남달리 장래성이 엿보인다.
③ 몸집이 작은 사람이 큰 사람보다 뛰어나고 야무지다.
④ 아무리 별 볼 일 없어 보이는 사람도 재주 하나는 있다.

3 개경까지 온 거란군이 후퇴하려고 마음먹은 이유는 무엇인가요? (답 2개)

① 군사들이 먹을 식량이 부족했기 때문이에요.
② 장수 소배압이 강감찬에게 겁을 먹었기 때문이에요.
③ 수많은 거란군이 뿔뿔이 흩어져 버렸기 때문이에요.
④ 고려군의 계속된 공격으로 싸울 힘을 잃었기 때문이에요.

4 이 글에서 일이 일어난 순서에 알맞게 기호를 쓰세요.

> ㉠ 강감찬 장군이 흥화진에서 거란군에게 크게 승리했어요.
> ㉡ 거란의 소배압이 10만 군사를 이끌고 고려에 쳐들어왔어요.
> ㉢ 거란군은 개경 근처의 텅 빈 마을을 보고 싸울 힘을 잃었어요.
> ㉣ 귀주에서 벌어진 거란군과의 전투에서 고려가 큰 승리를 거두었어요.

☐ → ☐ → ☐ → ☐

5 이 글의 내용을 바르게 이해하지 못한 것은 무엇인가요?

① 위기 상황에서 나라를 위해 나선 강감찬은 고려의 충신이야.
② 강감찬의 지혜 덕분에 수많은 거란군과 맞서 이길 수 있었어.
③ 어린 나이에 나라를 구한 영웅이 되다니, 강감찬은 정말 대단해.
④ 고려군에게 크게 패한 거란군은 다시 공격할 의지를 잃었을 거야.

1줄 글쓰기

만약 소배압이 강감찬에 대해 이야기한다면 뭐라고 말할까요? 자유롭게 상상해서 써 보세요.

23 여진족을 무찌른 윤관의 지혜

★ **윤관 尹瓘**
고려의 명장이에요. 여진족의 침입을 막기 위해 기마 부대인 별무반을 만들었어요. 두만강 부근의 여진족을 몰아내고 동북 9성을 개척했어요.

★ **여진족 女眞族**
만주 동북 쪽에 살던 민족으로 원래는 고려를 섬겼어요. 하지만 힘이 커지자 고려에 쳐들어와 잦은 전쟁을 일으켰어요.

거란과의 싸움에서 승리한 뒤, 고려는 평화로운 시기를 맞았어요. 하지만 옛 고구려 땅인 만주에서 힘을 키운 여진족*이 고려를 넘보고 있었지요. 여진족은 고려의 국경을 침략해 노략질을 일삼았어요.

고려는 몇 차례나 군대를 보내 여진족을 내쫓으려 했지만, 모두 지고 말았어요. 왜냐하면 여진족은 말을 잘 타는 민족이었기 때문에 '기병(말을 타는 군인)'이 많아 전쟁에서 유리했기 때문이에요. 전투 경험이 많은 장수들이 나섰지만, 역시나 많은 군사를 잃은 채 돌아오고 말았어요. 이에 숙종은 윤관에게 여진족을 물리치고 오라는 명을 내렸어요.

"고려를 침략하는 여진을 더는 두고 볼 수 없소. 게다가 고려는 고구려의 계승자가 아니오? 이참에 옛 고구려의 땅도 되찾아 오시오!"

"하지만 윤관이 어찌…."

주변 신하들은 모두 반대했어요. 그도 그럴 것이 윤관은 군사 일을 하는 무신이 아니라 관리로 일하던 문신이었거든요. 하지만 윤관은 굳은 의지로 여진을 물리칠 계획을 세웠어요.

"여진족은 말을 타고 싸우는 기병입니다. 하지만 우리 고려군은 걸으며 싸우는 병사만 있어 여진족을 이기기 어렵습니다. 그러니 우리도 기병을 키워야 합니다."

윤관은 숙종을 설득해서 여진족에 맞설 군대를 만들었어요. '특별히 만든 군대'라는 뜻의 '별무반' 안에는 말을 타고 싸우는 '신기군'과, 걸어 다니며 싸우는 '신보군', 그리고 스님들로 이루어진 '항마군'이 있었어요.

그리고 물에서 싸우는 수군도 길렀지요. 그 외에 신식 무기도 만들고 전쟁을 치를 때 먹을 식량도 많이 모아서 여진족을

 계승자 繼承者 이을 계, 이을 승, 사람 자 조상의 전통이나 문화, 업적 등을 물려받아 이어 나가는 사람.

무찌르기 위한 준비를 단단히 했어요.

1107년 여진족은 고려 국경을 넘어 함경도까지 넘어왔어요. 여진족은 마을을 침략해서 집을 모두 불태우고, 먹을 것을 모두 빼앗았지요. 드디어 윤관은 별무반을 이끌고 여진족을 무찌르러 나섰어요.

추운 겨울, 윤관은 17만 명의 군인을 이끌고 전쟁을 시작했어요. 겨울에는 날씨가 추워 식량도 부족하고, 여진족이 자랑하는 기병의 움직임이 둔해지기 때문이었어요.

윤관은 여진족과 맞서 싸울 모든 준비를 끝내고, 여진족 진영에 사람을 보내 말했어요.

"포로로 있는 족장 둘을 풀어 주려고 하니, 직접 와서 데려가라."

여진족의 장수들은 그 말을 그대로 믿었어요. 고려가 여진족에게 화해를 청한다고 생각했기 때문에 장수들은 군사들을 이끌고 고려군이 있는 곳으로 갔어요. 윤관은 여진족 장수 일행을 반갑게 맞았어요.

"먼 길을 오시느라 수고가 많으셨습니다. 오늘 밤은 신나게 먹고 마시며 푹 쉬십시오."

윤관은 여진족 장수들을 위해 성대한 잔치를 베풀었어요. 여진족들은 밤새 술을 퍼 마시다가 곯아떨어지고 말았어요. 다음 날 아침, 윤관은 잠들어 있는 장수들을 공격했어요. 그리고 여진족 군사들을 모두 제거한 다음, 군대를 이끌고 여진족 땅을 공격했어요. 여진족 군사들은 뒤늦게 정신을 차리고 후회했지만 이미 쏟아진 물이었어요. 기세가 오른 고려군은 단숨에 여진족을 무찔렀답니다.

이렇게 여진족이 살던 만주 지역은 고려의 차지가 되었어요. 윤관은 그 뒤 동북 지방 곳곳에 9개의 성*을 쌓아 북쪽 오랑캐를 방어하는 튼튼한 요새를 만들었어요.

★ **동북 9성** 東北九城
동녘 **동**, 북녘 **북**, 아홉 **구**, 재 **성**
고려가 여진족을 정벌한 뒤 세운 9개의 성이에요.

확인 문제

1. 이 글의 내용과 맞는 것에는 ○표, 틀린 것에는 X표 하세요.

(1) 고려는 거란과의 전쟁 이후 평화롭게 지내고 있었어요.

(2) 고려의 장수들은 여진족과의 전투에서 번번이 패했어요.

(3) 윤관은 전쟁 경험이 풍부하고 용맹스러운 장수였어요.

2. <보기>에서 설명하는 것이 무엇인지 글에서 찾아 쓰세요.

> 보기
> - 정규군과는 다른 특별한 군대예요.
> - 여진족을 물리치기 위해 윤관이 만들었어요.

3. 윤관이 만든 군대에 대해 알맞게 설명한 것을 찾아 선으로 이으세요.

(1) 신기군 •　　　　• ㉠ 말을 타고 싸우는 병사로 구성된 부대

(2) 신보군 •　　　　• ㉡ 스님들로 구성된 부대

(3) 항마군 •　　　　• ㉢ 걸어 다니면서 싸우는 병사로 구성된 부대

이 글의 윤관이 아래 질문을 듣고 할 말로 알맞은 것은 무엇인가요?

질문 하필이면 추운 겨울에 전쟁을 시작하신 이유는 무엇입니까?

① 옷이 두꺼워 여진족의 움직임이 둔해지기 때문입니다.
② 우리 고려군이 추위에 강해 전쟁에 유리하기 때문입니다.
③ 나뭇잎이 다 떨어져 적들의 움직임이 잘 보이기 때문입니다.
④ 식량이 부족해지고 여진족 기병의 힘이 약해지기 때문입니다.

 아래를 읽고 이 글의 내용과 맞지 않는 것을 찾아 기호를 쓰세요.

용맹한 장군 윤관! 여진족을 물리치다

고려를 위협하고 침략을 일삼던 ㉠ 여진족이 윤관이 이끄는 고려군에 패배했다. 윤관은 ㉡ 여진족 장수들을 방심하게 만든 뒤 모두 제거하였으며, 여진족이 사는 땅을 공격하여 승리를 손에 넣었다. 비록 ㉢ 만주 지역의 땅은 손에 넣지 못하였지만, ㉣ 동북 지방 곳곳에 쌓은 9개의 성은 적을 방어하는 요새가 되었다.

 1줄 글쓰기

만약 여러분이 고려의 장수가 되어 여진족을 물리칠 특별한 군대를 만들 수 있다면 어떤 군대를 만들고 싶은가요? 자유롭게 상상해서 써 보세요.

24. 흙을 먹는 남자, 최무선

★ **최무선** 紅巾敵
고려 시대에 화약을 이용해 무기를 만든 발명가이자 장수예요. 화약 무기 제조 관청인 화통도감을 세웠으며, 자신이 개발한 화약 무기로 왜구를 격퇴했어요.

★ **홍건적** 紅巾敵
붉을 홍, 수건 건
원나라의 농민 반란군으로, 머리에 빨간 수건을 둘러서 이렇게 이름 붙여졌지요.

★ **왜구** 倭寇
왜나라 왜, 도적 구
왜인(옛날 일본인)들로 구성된, 바다에서 노략질을 일삼던 해적 떼예요.

최무선*이 살던 고려 말에는 북쪽에서는 홍건적*이, 남쪽 바닷가에서는 왜구*가 침략했어요. 특히 왜구들은 고려 해안가 마을에 쳐들어와 곡식과 물건을 빼앗고 백성들을 마구 잡아갔지요. 최무선은 어려서부터 어떻게 하면 왜구를 물리칠 수 있을지 고민했어요.

'우리도 원나라처럼 화약이 있으면 왜구들을 쉽게 물리칠 수 있을 텐데.'

하지만 그 시절 고려에는 화약 만드는 법을 아는 사람이 없었어요. 그래서 최무선은 책을 보며 혼자서 방법을 연구했어요. 하지만 화약을 만드는 일은 쉽지 않았어요. 특히 화약의 중요한 재료인 염초를 구할 수가 없었어요. 그래서 최무선은 화약 제조 기술자를 찾아 벽란도에 자주 나갔어요. 벽란도는 원나라와 고려를 잇는 무역항이었거든요. 여러 날이 지나 최무선은 이원이라는 원나라 상인을 만났어요. 그는 상인이면서 화약 재료인 염초를 만드는 기술자이기도 했어요.

최무선은 이원을 집으로 초대해 정성스레 대접했어요. 그런 다음 화약을 만드는 비법을 알고 싶다고 솔직하게 털어놓았어요. 당연히 이원은 입을 꾹 닫고 알려 주지 않았어요. 하지만 최무선은 포기하지 않고 간절히 부탁했어요. 그러자 이원은 최무선의 정성에 감동해 이렇게 귀띔을 했답니다.

"화약을 만들 때 가장 중요한 것은 좋은 염초를 만드는 것이오. 그러니 좋은 흙을 먼저 찾아 보시오."

최무선은 온갖 종류의 흙을 다 퍼 와서, 가져온 흙을 일일이 맛보았답니다. 어떤 흙은 맛이 시고, 어떤 흙은 맛이 짜고, 또 어떤 흙은 약간 매운맛이 나기도 했어요.

최무선은 여러 차례 실험을 한 끝에 소금처럼 짠맛이 나는 흙이 염초를 만드는 데 적당하다는 것을 알게 되었어요. 마침내 최무선은 오랜 노력 끝에 화약 제조에 성공했어요.

최무선이 화약을 만들었다는 소식은 조정에도 알려졌어요.

월   일

"별 볼 일 없는 하급 관리가 어떻게 화약을 만들었겠어? 거짓말일 거야!"

최무선은 반신반의하는 관리들 앞에서 화약을 발사하는 실험을 했어요.

"슝, 슝, 우르르 쾅쾅!"

실험은 성공이었어요. 최무선은 당시 임금이었던 우왕에게 건의해 '화통도감*'이라는 관청을 만들어 화약을 이용한 무기 개발에 힘썼어요. 화통도감의 책임자가 된 최무선은 '달리는 불'이라는 뜻의 화약 '주화'를 만들어 선보였어요. 화약을 매단 불화살의 폭발력은 정말 대단했어요. 최무선은 여기서 멈추지 않고, 화약 연구에 더욱 힘을 쏟아 다양한 크기의 화포를 만들었어요.

몇 년 뒤, 진포(지금의 군산) 앞바다에 500여 척의 배를 타고 왜구가 나타났어요. 그러자 최무선은 80여 척의 배에 화포를 싣고 진포로 나갔어요. 왜구는 배를 서로 묶어서 파도에 휩쓸려 떠내려가지 않도록 했어요.

"지금이 기회다! 배에 대포를 쏘아라!"

고려군이 쏜 대포에 왜구의 배는 불길에 휩싸였어요. 왜구는 놀라 달아나려고 했지만, 배들이 서로 묶여 있는 통에 쉽지 않았어요. 왜구의 배는 거의 다 불탔고, 고려는 큰 승리를 거두었어요. 이 전투가 바로 '진포대첩*'이에요.

이후 최무선은 화약 만드는 방법과 무기 제작 방법에 관한 책을 썼어요. 《화약수련법》, 《화포법》 등이지요. 아들 최해산도 아버지가 남긴 책으로 공부하여 여러 가지 화약 무기를 개발했어요. 이들의 연구는 조선 시대까지 이어져 화약 무기를 개발하는 데 큰 힘을 보탰답니다.

★ **화통도감** 火筒都監
불 **화**, 통 **통**, 모두 **도**, 관청 **감**
고려 시대에 화약 및 화기의 제조를 맡아보던 관청이에요.

★ **진포대첩** 鎭浦海戰
고려를 침략한 왜구를 진포(지금의 군산)에서 크게 무찌른 일이에요. 처음으로 화약 무기를 사용했지요.

낱말 **화포** 火砲 불 **화**, 대포 **포** 옛날에 화약에 불을 붙여 쏘던 대포.

확인 문제

1. 이 글에서 알 수 있는 당시의 모습으로 알맞은 것에는 ○표, 틀린 것에는 X표 하세요.

(1) 왜구의 잦은 침략으로 백성들이 힘들어했어요.

(2) 무역항을 통해 외국의 상인들이 드나들 수 있었어요.

(3) 고려는 다른 나라보다 화약 만드는 기술이 뛰어났어요.

2. 이 글에서 일이 일어난 순서에 알맞게 기호를 쓰세요.

> ㉠ 최무선은 염초 기술자를 만나 염초 제조 비법을 알아냈어요.
> ㉡ 최무선이 염초 재료인 흙을 연구하여 화약을 만들어 냈어요.
> ㉢ 최무선은 왜구를 물리치기 위해 화약을 만들기로 결심했어요.
> ㉣ 최무선이 혼자서 화약을 만들어 보려 했지만 계속 실패했어요.

☐ → ☐ → ☐ → ☐

3. 이 글을 읽고 느낀 점을 알맞게 말한 것은 무엇인가요?

① 모든 일은 말보다 행동이 중요하다는 것이에요.

② 어떤 일이든 꾸준히 노력하면 성공할 수 있다는 것이에요.

③ 서로 힘을 모으면 어려운 일도 해결할 수 있다는 것이에요.

④ 가진 것에 만족하고 지나친 욕심을 부려서는 안 된다는 것이에요.

최무선에 대한 설명으로 알맞지 않은 것은 무엇인가요?

① 화약을 만드는 법을 책으로 남겼어요.

② 화약을 연구해 여러 가지 무기를 개발했어요.

③ 직접 전투에 참여해 왜구를 크게 무찔렀어요.

④ 화통도감에서 칼이나 창과 같은 무기를 만들었어요.

 아래를 읽고 이 글의 내용과 맞지 않는 것을 찾아 기호를 쓰세요.

고려군, 진포에서 왜구에게 크게 승리하다

㉠ 1380년, 500여 척의 배를 이끌고 진포로 쳐들어왔던 왜구들이 모두 격퇴되었다. ㉡ 왜구들이 배를 한곳에 묶어 두고 내린 틈을 타서 ㉢ 고려군은 화포를 마구 쏘아 대었다. 진포 앞바다는 순식간에 불바다가 되었으며, 왜구의 배는 모두 가라앉았다. ㉣ 고려군이 왜구에 비해 수적으로도 유리했지만, 무엇보다 화포의 활약이 가장 컸다.

1줄 글쓰기

만약 최무선이 화약 제조에 실패했다면 고려는 어떻게 되었을까요? 자신의 생각을 자유롭게 써 보세요.

25. 목화로 백성을 따뜻하게 한 문익점

★ **문익점 文益漸**
원나라에서 목화씨를 들여와 우리나라에 전한 고려의 학자예요.

★ **목화솜 木花솜**
나무 목, 꽃 화
목화씨에서 뽑은 실로 만든 솜이에요.

★ **무명**
목화에서 뽑은 실로 짠 옷감이에요.

고려 공민왕 때의 학자 문익점*이 원나라에 사신으로 머물고 있을 때였어요.
"거참, 폭신폭신한 게 참으로 따뜻하구나."
문익점의 눈길을 끈 것은 목화솜*이었어요. 목화는 꽃이 지고 난 자리에 꼬투리가 생기는데, 이것이 터지면 보송보송한 솜이 펴요. 문익점은 목화솜을 보고 추운 겨울에도 얇은 삼베(마의 겉껍질로 짠 얇은 천)옷을 겹겹이 껴입고 덜덜 떠는 고려 백성들이 떠올라 눈시울이 붉어졌어요.

그는 고려로 돌아가면서 목화씨를 챙겼어요. 그리고 고향으로 내려가 목화를 심었어요. 하지만 목화는 우리나라 기후와는 맞지 않아 잘 자라지 못했어요.

"그래, 실망하지 말자. '첫 술에 배부르랴'라는 말도 있지 않은가. 한 송이라도 피었으니, 내년에는 더 많은 꽃을 피울 거야."

그렇게 3년이 흐르자, 정말 목화밭 가득 몽실몽실한 솜이 피어났어요.

목화 재배에 성공한 문익점은 목화솜을 이용해서 실을 뽑는 방법을 알아보았어요. 그러다 우연히 만난 원나라 승려의 도움을 받아 솜에서 실을 뽑는 방법과 옷감 짜는 방법을 알게 되었지요.

그 후 문익점의 손자 문래와 문영은 그 뒤를 이어 목화솜을 이용하는 방법을 연구했어요. 문래는 목화에서 더욱 쉽게 실을 뽑을 수 있는 기구를 발명했어요. 그 기구가 바로 '물레'랍니다. 처음엔 그의 이름인 문래로 불리다가 세월이 흐르면서 물레로 바뀌었어요.

그리고 문영은 물레에서 뽑은 실로 더욱 편하게 옷감을 짤 수 있는 기구를 발명했어요. 이 기구는 문영틀이라 불리었고, 문영틀로 짠 옷감을 문영베라고 했어요. 이것이 세월이 흘러 '무명베(무명천)*'로 바뀌어 불리었지요. 이렇게 해서 고려의 백성들은 목화솜을 넣은 이불로 따뜻하게 겨울을 났고, 얇고 튼튼한 무명천으로 옷을 만들어 입게 되었지요.

확인 문제

 이 글의 내용과 맞는 것에는 ○표, 틀린 것에는 X표 하세요.

(1) 당시 고려 사람들은 겨울에도 얇은 옷을 입고 지냈어요.

(2) 원나라 승려의 도움으로 목화에서 실 뽑는 법을 알았어요.

(3) 문익점은 목화씨를 가져온 첫해 목화 재배에 성공했어요.

 이 글에서 일이 일어난 순서에 알맞게 기호를 쓰세요.

> ㉠ 문익점이 목화씨를 심었어요.
> ㉡ 문익점이 목화를 키우는 데 성공했어요.
> ㉢ 문익점이 원나라에서 목화씨를 가져왔어요.
> ㉣ 고려의 백성들이 무명으로 옷을 지어 입었어요.

3. 이 글을 읽고 느낀 점을 알맞게 말한 것은 무엇인가요?

① 착한 일을 하면 반드시 복이 찾아온다는 것이에요.
② 남에게 받은 은혜는 반드시 갚아야 한다는 것이에요.
③ 게으름을 피우지 말고 부지런히 일해야 한다는 것이에요.
④ 무엇이든 처음부터 만족할 수 없으니 꾸준히 노력하라는 것이에요.

1줄 글쓰기

문익점이 가져온 목화는 고려 백성들에게 어떤 영향을 주었을까요? 자신의 생각을 자유롭게 써 보세요.

한국사 키워드를 찾아라!

황	산	몽	강	동	북	조	계	백	박
화	통	도	감	단	군	환	웅	제	초
랑	동	리	찬	군	안	시	성	불	로
광	개	토	대	왕	오	천	축	국	전
김	혁	거	세	검	고	달	최	사	성
로	청	해	진	시	구	조	무	상	강
원	해	효	조	선	려	조	선	만	감
박	혁	거	세	덕	온	달	온	파	야
백	진	신	라	여	조	류	희	식	적
계	대	첩	유	을	지	문	덕	적	덕

114

낱말 도움말

① ○○○은 귀주에서 거란군을 크게 물리쳤어요.

② ○○은 황산벌에서 5천명의 결사대를 이끌고 신라군과 맞섰어요.

③ 주몽은 부여를 떠나 새 나라 ○○○를 세웠어요.

④ ○○○은 단군이 세웠다고 전해지는 우리 역사상 최초의 나라예요.

⑤ ○○○ ○○은 고구려 역사상 가장 넓은 영토를 차지한 왕이에요.

⑥ ○○ ○○은 환웅과 웅녀 사이에 나온 아들로, 고조선을 세웠어요.

⑦ ○○○○은 신문왕이 신기한 대나무로 만든 피리로, '만 개의 파도를 잠재우는 피리'라는 뜻이 있어요.

⑧ ○○○○는 커다란 알을 깨고 나왔어요. 그리고 신라를 세웠어요.

⑨ 주몽의 아들인 온조는 고구려를 떠나 남쪽으로 내려가 ○○를 세웠어요.

⑩ ○○○는 김대성이 현생의 부모님을 위해 지은 절로 '부처님의 나라'라는 뜻을 가졌어요.

⑪ 혜초는 당나라를 거쳐 인도의 다섯 나라를 다녀왔어요. 그리고 《○○○ ○○○》을 썼어요.

⑫ 고구려 ○○○○은 살수에서 수나라 군대를 크게 물리쳤어요.

⑬ 장보고는 군사·무역 기지인 ○○○을 세워서 바닷길을 열었어요.

⑭ ○○○은 화약을 개발해서 왜구를 물리치는 데 크게 활약했어요.

⑮ ○○은 신라 시대에 만들어진 청소년들로 꾸려진 단체예요. 나라가 위급할 때 나서서 나라를 지켰어요.

⑯ 최무선은 임금의 명으로 ○○○○을 맡고 그곳에서 주화나 화포를 개발했어요.

1. 도움 답안
2. 한국사 키워드 카드

도움 답안

1주 나라를 세운 사람들

1 사람이 되고 싶었던 곰과 호랑이 12

1. ② 2. ② 3. ㉡→㉢→㉠→㉣
4. 고조선 5. ①, ②

해설

1. 환웅은 자신을 찾아온 곰과 호랑이에게 쑥 한 자루와 마늘 스무 쪽을 주었어요. 그러면서 백 일 동안 동굴 속에서 버티면 사람이 될 수 있을 것이라 했어요.
2. '고생 끝에 낙이 온다'는 어려운 일을 겪고 나면 반드시 좋은 일이 생긴다는 것을 빗댄 속담이에요. ①은 '천 리 길도 한 걸음부터', ③은 '호랑이에게 물려 가도 정신만 차리면 산다', ④는 '하늘은 스스로 돕는 자를 돕는다'라는 속담의 뜻풀이예요.
3. 하늘 신의 아들 환웅이 인간 세상을 다스리러 땅으로 내려왔어요. 얼마 후 곰과 호랑이가 환웅을 찾아가 사람이 되고 싶다고 했어요. 둘 중 곰은 동굴에서 잘 버티어 사람이 되었고, 환웅과 결혼하여 단군왕검을 낳았어요. 이후 단군왕검은 우리나라 최초의 나라인 고조선을 세웠어요.
4. 환웅과 웅녀 사이에 태어난 단군왕검이 우리나라에 최초로 세운 국가는 고조선이에요.
5. 단군왕검이 세운 나라는 고조선이에요. 고조선은 곰과 호랑이를 신으로 섬기지 않았어요. 또한 고조선의 첫 번째 왕은 단군왕검으로, 환웅은 단군왕검의 아버지예요.

1줄 글쓰기

㉮ 환웅은 아마도 하늘 아래 세상의 사람들이 농사를 잘 지을 수 있도록 하고 싶었던 것 같다. 우리나라는 옛날부터 농사를 지었는데 농사를 지을 때는 바람, 비, 구름 등의 날씨가 매우 중요하기 때문이다.

2 활을 잘 쏘아 미움받은 아이 16

1. (1) X (2) O (3) O   2. ①   3. ㉠, ㉣
4. ㉠, ㉡   5. ㉡→㉠→㉣→㉢

해설

1. 금와왕은 유화가 낳은 알을 보고 나라에 불길한 일이 생길 것 같다고 했지만, 그런 일은 일어나지 않았어요.
2. 주몽은 부여말로 '활을 잘 쏘는 사람'이라는 뜻이에요. ② 주몽은 커다란 알에서 태어났지만 이름과는 관련이 없어요.
3. 주몽이 커다란 알에서 태어난 것, 주몽이 들어 있었던 알을 동물들이 해치지 않고 돌보아 준 것을 통해 주몽이 보통 사람과는 다른 특별한 사람이라는 것을 알 수 있어요.
4. ㉢은 주몽에 대한 설명으로 알맞지 않아요. 주몽은 금와왕이 있던 동부여를 떠나 졸본 땅에 새로운 나라인 고구려를 세웠어요.
5. 주몽을 질투한 금와왕의 아들들은 주몽을 없애려고 하였어요. 이에 목숨에 위협을 느낀 주몽은 동부여를 떠났지만 아들들은 사람을 시켜 주몽을 쫓았어요. 도망을 가던 주몽이 강가에 다다르자 강의 물고기와 자라가 주몽이 강을 건널 수 있게 도왔어요. 그리고 무사히 졸본 땅에 도착한 주몽은 새 나라를 세웠어요.

1줄 글쓰기

㉮ 물고기와 자라가 주몽을 도운 것은 하늘 신의 손자인 주몽에게도 신비한 힘이 있었기 때문이다. 하늘에서 신들이 주몽의 목소리를 듣고 물고기와 자라에게 주몽을 도우라고 했을 것이다.

3 아버지의 증표를 찾은 유리 20

1. ㉠, ㉢   2. ㉢   3. ③   4. ②   5. ③

해설

118

1. ⓒ은 유리에 대한 설명으로 알맞지 않아요. 유리의 아버지인 주몽은 고구려의 왕이었어요.
2. 유리는 실수를 저지른 탓에 물동이 주인에게 무시를 당하였어요. 유리가 고개를 들지 못하는 것으로 보아 창피하고 부끄러운 기분을 느꼈을 거라고 짐작할 수 있어요.
3. 글 전체의 내용을 요약하여 짧은 단어나 문장으로 표현하면 중심 내용이 돼요. 이 이야기는 유리가 아버지의 증표를 찾아 왕이 된 과정을 담고 있어요.
4. '잔디밭에서 바늘 찾기'는 무엇을 찾기가 매우 어렵거나 불가능하다는 뜻의 속담이에요. ①은 '꿩 먹고 알 먹기', ③은 '등잔 밑이 어둡다', ④는 '고생 끝에 낙이 온다'라는 속담의 뜻풀이예요.
5. 유리가 기둥 밑에서 찾은 칼 조각과 주몽이 가진 칼 조각을 맞추어 보니 딱 맞았어요. 주몽은 이것을 보고 유리가 자신의 아들이라는 것을 알았어요.

1줄 글쓰기

㉘ 나는 우물의 돌 틈에 증표를 숨길 것이다. 그리고 '깊고 잔잔한 물을 둘러싸고 있는 수십 개의 돌 틈을 찾아 보거라'라고 수수께끼를 낼 것이다.

4 십제 말고, 백제라고 부르자 24

1. (1) O (2) X (3) X 2. (1) ⓒ (2) ㉠
3. ⓒ→㉠→ⓒ→㉣

해설

1. (2) 비류와 온조는 각자 다른 곳에 나라를 세웠어요. (3) 비류와 온조가 고구려를 떠난 것은 주몽이 유리를 태자로 삼았기 때문이에요.
2. 비류가 나라를 세운 미추홀은 바다가 가까워 물이 짜서 농사를 짓기 어려운 땅이었어요. 한편 온조가 선택한 위례성은 땅이 평평하고 한강이 있어 농사 짓기에 알맞았어요.
3. 비류와 온조는 유리가 태자가 되자 고구려를 떠나 서로 다른 곳에 나라를 세웠어요. 비류가 나라를 세운 미추홀 땅은 농사 짓기에 알맞지 않아 백성들이 힘들어했어요. 결국 비류를 따랐던 신하와 백성들이 온조를 따라 위례성으로 오면서 백제가 생겨났어요.

1줄 글쓰기

㉘ 비류와 온조는 분한 마음으로 고구려를 떠났을 것이다. 그리고 자신들을 태자로 삼지 않은 아버지를 미워하는 마음도 컸을 것 같다.

5 알에서 태어난 박혁거세와 김수로 26

1. ㉠, ⓒ 2. ① 3. ① 4. (1) O (2) X (3) X 5. ⓒ

해설

1. ⓒ은 박혁거세에 대한 설명으로 알맞지 않아요. 박혁거세는 커다란 붉은색 알에서 태어났어요.
2. '지성이면 감천'은 정성이 지극하면 하늘도 감동하여 도와준다는 뜻의 속담이에요. ②는 '고생 끝에 낙이 온다', ③은 '첫 술에 배 부르랴', ④는 '열 번 찍어 안 넘어가는 나무 없다'라는 속담의 뜻풀이예요.
3. 촌장들은 아이가 박처럼 생긴 큰 알에서 나왔다고 해서 박 씨 성을 붙여 주었어요.
4. (2) 가야는 모두 여섯 개의 나라로 이루어져 있었어요. (3) 김수로가 여섯 가야를 통일했다는 내용은 이 글에 나오지 않아요. 역사적으로 여섯 가야는 강력한 국가가 되지 못한 채 신라에 점령당했어요.
5. '구지가'는 아홉 부족의 촌장들이 하늘 소리의 명령에 따라 불렀다는 노래예요. 이 노래에 나오는 동물은 사슴이 아닌 거북이에요.

1줄 글쓰기

㉘ 어느 캄캄한 밤, 하늘에서 우르릉 하는 소리가 들려 마을 사람들이 밖에 나가 보니 하늘

도움 답안

에서 여섯 개의 별이 떨어졌다. 마을 촌장들이 별이 떨어진 구지봉에 가 보니 번쩍이는 황금빛 돌 여섯 개가 있었고, 며칠 뒤 돌이 갈라지더니 여섯 명의 사내아이가 나왔다.

2주 삼국시대 사랑 이야기

6 호동 왕자와 낙랑 공주

1. (1) X (2) O 2. 자명고 3. ④

해설

1. (1) 호동 왕자는 사냥을 하러 갔다가 우연히 최리를 만나 낙랑으로 가게 되었어요. (2) 낙랑 공주가 자명고를 찢은 덕분에 호동 왕자는 낙랑을 침략할 수 있었어요.
2. 낙랑에는 적이 쳐들어오면 저절로 울리는 북인 자명고가 있었어요.
3. 낙랑 공주가 자명고를 찢어 버린 탓에 고구려군이 쳐들어왔는데도 자명고가 울리지 않았어요. 최리는 딸에게 몹시 화가 났지만, 어쩔 도리가 없어 결국 고구려에 항복하고 말았어요.

1줄 글쓰기

㈎ 만약 내가 낙랑 공주라면 호동 왕자와 헤어질 것이다. 왜냐하면 자명고를 찢으면 나뿐만 아니라 낙랑의 백성들까지 위험에 처할 것이기 때문이다.

7 연오랑과 세오녀

1. (1) X (2) X (3) O 2. ㉡ 3. ③

해설

1. (1) 연오랑은 평소처럼 낚시를 하다가 움직이는 바위에 실려 대화국으로 가게 되었어요. (2) 세오녀는 바닷가에서 연오랑의 신발을 찾았어요.
2. 세오녀는 연오랑이 죽은 줄만 알고 바위에 쓰러져 울다 정신을 잃었어요. 이 모습을 통해 세오녀가 무척 슬펐을 거라는 것을 알 수 있어요.
3. 이 이야기는 신라 사람인 연오랑과 세오녀가 움직이는 바위를 타고 대화국으로 건너가 왕과 왕비가 된 내용을 담고 있어요. 나머지 보기의 내용은 이 이야기의 일부분일 뿐 중심 내용으로 알맞지 않아요.

1줄 글쓰기

㈎ 바위의 정체는 아마 커다란 혹등고래였을 것 같다. 바닷가 근처에서 혹등고래가 쉬고 있었는데, 연오랑이 바위로 착각해서 등에 올라탔을 수도 있다.

8 돌이 된 아내

1. (1) X (2) X (3) O 2. ㉡ 3. ②

해설

1. (1) 박제상이 왜나라로 간 것은 눌지왕의 동생인 미사흔을 구하기 위해서예요. (2) 박제상은 미사흔을 탈출시킨 뒤 왜나라에서 죽임을 당하였어요.
2. 박제상은 목숨이 위험하다는 것을 알면서도 왕의 동생을 구하러 왜나라로 떠났어요. 이 모습을 통해 박제상이 충직한 성격이라는 것을 알 수 있어요.
3. 박제상의 아내는 박제상이 죽은 줄도 모르고 매일 그를 기다리다가 굳어서 돌이 되었어요.

1줄 글쓰기

㈎ 옛날 사람들은 아마도 치술령 언덕에 있는 돌을 보고 박제상의 아내를 떠올린 것 같다. 움직이지 않고 언덕에 서 있는 돌의 모습이 마치 남편을 기다리는 아내와 닮았다고 생각

한 듯하다.

9 평강 공주와 온달 장군

1. ㄴ, ㄷ 2. ② 3. ③ 4. ④ 5. (1) X (2) O (3) O

해설

1. ㉠은 온달에 대한 설명으로 알맞지 않아요. 온달은 옷차림이 허름하고 말이 없었지만 바보 같은 짓을 하지는 않았어요.
2. 온달이 가난한 이유는 이 글에서 찾을 수 없어요. ① 온달은 고구려 사람이에요. ③ 마을 사람들은 온달의 옷차림이 허름하고 말이 없다는 이유로 그를 바보라고 놀렸어요. ④ 평원왕은 우는 평강 공주를 달래기 위해 온달에게 시집을 보낸다고 농담을 했어요.
3. 온달은 평강 공주가 자신을 찾아와 결혼하고 싶다고 말하자 뒤로 나자빠졌어요. 이 모습을 통해 온달이 놀라고 당황스러운 마음이 들었을 거라고 짐작할 수 있어요.
4. 평원왕의 뒤를 이어 왕이 된 영양왕도 온달을 믿고 의지했어요.
5. 온달 장군이 공격한 아단성은 고구려가 남쪽으로 세력을 넓히는 데 아주 중요한 곳이었어요. 이를 통해 고구려가 남쪽으로 세력을 넓히려고 노력했다는 것을 알 수 있어요.

1줄 글쓰기

㉮ 온달은 바보가 아니었을 것이다. 왜냐하면 사냥 대회에서 일 등도 하고, 왕들도 온달을 믿었기 때문이다. 아마도 온달을 질투한 사람들이 바보라고 부른 탓에 이야기 속에서 바보 온달로 불리게 된 것 같다.

10 마를 캐는 아이 서동과 선화 공주

1. ㉠, ㉡ 2. ① 3. ③ 4. ②
5. ㉢→㉡→㉣→㉠

해설

1. ㉢은 서동에 대한 설명으로 알맞지 않아요. 서동은 선화 공주와 결혼하기 위해 거짓으로 노래를 만들어 퍼뜨렸어요.
2. 서동은 선화 공주님이 서동과 몰래 사랑한다는 거짓 노래를 만들어서 신라의 도읍인 서라벌에 퍼뜨렸어요.
3. 이 글은 서동이 거짓 노래를 퍼뜨리는 꾀를 내어 선화 공주와 결혼하게 되는 내용을 담고 있어요.
4. 서동과 선화 공주가 산에 가 보니 엄청난 황금이 쌓여 있었어요.
5. 거짓 노래 때문에 성에서 쫓겨난 선화 공주는 진실을 얘기해 준 서동을 용서하고 결혼을 하기로 했어요. 그 후 마를 캐던 산에서 많은 양의 황금을 찾은 서동은 신라에 있는 진평왕에게 보냈고, 서동의 마음에 감동한 진평왕은 두 사람의 결혼식을 열어 주었어요. 마음 넓은 서동은 백성들에게도 황금을 나눠 주었고, 훗날 백제의 왕이 되었어요.

1줄 글쓰기

㉮ 선화 공주와 결혼하기 위해 서동이 한 행동은 옳지 않다. 왜냐하면 서동이 거짓 노래를 퍼뜨린 것 때문에 아무것도 모르는 선화 공주가 아버지에게 쫓겨나고 슬픈 일을 겪어야 했기 때문이다.

3주 삼국을 지킨 사람들

11 만주 벌판을 달린 광개토 대왕과 장수왕

1. ㉡, ㉢ 2. ④ 3. ㉡→㉠→㉢→㉣ 4. 광개토 대왕릉비 5. (1) X (2) X (3) O (4) O

121

도움 답안

해설

1. ㉠은 광개토 대왕에 대한 설명으로 알맞지 않아요. 광개토 대왕은 백제를 공격해 한강 북쪽을 차지한 다음 중국의 후연을 공격했어요.

2. 이 글은 광개토 대왕과 장수왕이 영토를 넓히고, 이웃 나라와 교류하면서 고구려의 힘을 키운 이야기를 담고 있어요.

3. 후연이 고구려 땅을 공격해 오자 광개토 대왕은 후연에 맞서 싸워 숙군성의 성주를 몰아냈어요. 이후 후연의 군대가 다시 쳐들어왔지만 광개토 대왕은 후연에 첩자를 보내 군사들의 움직임을 알아냈어요. 그리고 후연의 군사들을 골짜기로 꾀어내어 공격해 승리를 거두었어요.

4. 장수왕은 아버지인 광개토 대왕의 업적을 기리기 위해 중국 지린성에 '광개토 대왕릉비'를 세웠어요.

5. (1) 광개토 대왕이 한 일이에요. (2) 도읍을 한성에서 웅진으로 옮긴 것은 백제에서 일어난 일이에요.

1줄 글쓰기

㉮ 광개토 대왕과 장수왕 시절에는 중국의 만주까지 우리나라의 영토였다. 만약 만주가 지금까지 우리 나라의 영토였다면 중국과 맞닿아 있어 중국 여행도 더 편하게 갈 수 있고, 아이들이 뛰어놀 수 있는 커다란 놀이공원도 지을 수 있었을 것 같다.

12 을지문덕의 살수대첩 56

1. ㉠, ㉡ 2. ③ 3. ㉢ 4. 살수대첩
5. ㉣→㉡→㉢→㉠

해설

1. 을지문덕은 수나라에 거짓으로 항복한 뒤 수나라 군대의 상황을 살폈어요. 따라서 ㉢은 을지문덕에 대한 설명으로 알맞지 않아요.

2. 글 전체의 내용을 요약하면 중심 내용을 찾을 수 있어요. 이 글은 고구려의 장수 을지문덕이 수나라의 공격에 맞서 싸우는 내용이에요.

3. 고구려와 수나라의 첫 번째 전투는 바로 문제와의 전투예요. 이 전투에서는 고구려가 승리하였어요.

4. 을지문덕이 우중문이 이끄는 수나라 군대에 맞서 크게 이긴 전투는 살수대첩이에요.

5. 을지문덕은 계속 후퇴하는 척을 하며 수나라 군사들을 지치게 만들었어요. 수나라의 장수인 우중문은 을지문덕의 편지를 받고 나서야 자신들이 속았음을 깨달았어요. 뒤늦게 위기를 눈치챈 우중문이 군대를 후퇴시키려 했지만 고구려군에 패했고, 이후 수나라는 결국 멸망했어요.

1줄 글쓰기

㉮ 을지문덕이 뛰어난 지략으로 고구려를 지켜 낸 장군이기 때문이다. 만약 을지문덕이 지혜와 용기로 수나라에 맞서지 않았다면 고구려는 큰 위기에 빠졌을 것이다.

13 안시성을 지킨 양만춘 60

1. (1) O (2) O (3) X   2. ②
3. ㉢→㉠→㉡→㉣

해설

1. (3)은 이 글의 내용과 맞지 않아요. 당나라 군사들은 계속해서 안시성을 공격했지만 끝내 성을 무너뜨리지 못했어요.

2. 당 태종은 이세적을 앞세워 안시성을 총공격했어요. 하지만 결국 실패하고 당나라로 돌아갔어요. 따라서 안시성 전투를 마친 당 태종의 말로 알맞은 것은 고구려군의 기세에 감탄하며 안시성을 포기하겠다고 하는 ②예요.

3. 당 태종은 이세적에게 안시성을 총공격하라고 명했어요. 당나라군은 흙산을 높이 쌓아 안시성을 공격하려고 했지만, 계획대로 일이 풀리지 않았어요. 그러는 동안 고구려에 겨울이 찾아왔고 땅이 얼고 식량까지 바닥을 보여 당나라군은 더 이상 싸우지 못하게 되었어요. 결국 안시성을 무너뜨리지 못한 당 태종은 군사들을 이끌고 당나라

로 돌아갔어요.

1줄 글쓰기

㉮ 양만춘과 백성들이 안시성을 지킬 수 있었던 힘은 '나라를 위하는 마음'이라고 생각한다. 위기에 빠진 고구려를 구해야 한다는 마음으로 모두가 똘똘 뭉칠 수 있었던 것 같다.

14 계백과 관창의 황산벌 전투 62

1. ㉠, ㉡   2. (1) O   (2) X   (3) X   3. 황산벌   4. ①   5. ④

해설

1. ㉢은 관창에 대한 설명으로 알맞지 않아요. 관창은 황산벌 전투 당시 열여섯 살의 어린 소년이었어요.
2. (2) 백제군과 신라군의 전투에서 마지막으로 승리한 것은 신라군이에요. (3) 백제는 5천 명의 군사로, 5만 명에 이르는 신라군에 맞서 싸웠어요.
3. 계백 장군은 황산벌에서 신라군과 전투를 벌이다 목숨을 잃었어요.
4. 계백 장군은 아들 같은 관창을 차마 죽일 수 없어 신라 진영으로 돌려보냈어요. 하지만 다시 돌아온 용감한 관창을 보고 싸움에 승부가 났다는 것을 느끼지요. 따라서 〈보기〉의 질문에 계백이 할 말로 알맞은 것은 ①이에요.
5. 신라군은 백제군에게 계속 지고 있었어요. 하지만 관창이 백제군에 죽임을 당했다는 소식에 젊은 화랑들이 죽음을 각오하고 전투에 나섰고, 마침내 신라군이 승리하게 되었어요.

1줄 글쓰기

㉮ 열여섯 살의 어린 나이였던 관창은 백제군에게 달려가면서 무척 무서웠을 것이다. 하지만 전투에서 지고 있는 신라군을 생각하면서 용기를 냈을 것 같다. 어린 나이에 나라를 위해 목숨을 건 관창의 용기가 정말 대단하다.

15 신비한 피리, 만파식적 66

1. (1) X   (2) X   (3) O   2. ④   3. ③
4. ㉡→㉣→㉠→㉢   5. ②

해설

1. (1) 신문왕 때는 가뭄과 홍수 등 자연재해가 일어났으며, 남쪽에서는 왜구가 침략했어요. (2) 죽어서도 용이 되어 나라를 지키겠다는 말을 남긴 것은 문무왕이에요.
2. '만파식적'은 신문왕이 감은사에 나타난 검은 용의 말을 듣고 만든 것이에요. 문무왕이 살아 있을 때 만들었다는 내용은 이 글에서 확인할 수 없어요.
3. '만파식적'은 '만 개의 파도를 잠재우는 피리'라는 뜻이에요.
4. 신문왕이 감은사 앞바다에 가 보니 거북이 머리처럼 생긴 섬이 떠 있었어요. 섬에 나타난 검은 용은 선물을 주겠다고 하더니 대나무로 피리를 만들라고 했지요. 그 말대로 신문왕이 피리를 만들어 불자 나라의 걱정거리가 사라졌어요.
5. 신문왕이 만파식적을 불자 왜구들이 물러나고 자연재해가 멈췄어요. 이를 통해 당시 신라 사람들이 어려움이 해결되고 평화로운 날이 오길 바랐을 거라고 짐작할 수 있어요.

1줄 글쓰기

㉮ 나는 우리나라에 자연재해가 일어났을 때 만파식적을 불고 싶다. 그래서 사람들도 구하고, 큰 피해가 나지 않게 할 것이다.

4주 나라의 이름을 드높인 사람들

16 살아 있는 그림을 그린 솔거 74

1. ㉠, ㉡   2. ①   3. 황룡사

123

도움 답안

해설

1. ㉢은 솔거에 대한 설명으로 알맞지 않아요. 솔거는 집안 형편이 어려워서 그림 공부를 제대로 하지 못했어요.
2. 솔거가 그린 소나무 그림은 마치 진짜 소나무 같았어요. 그래서 새들이 날아들었다가 벽에 머리를 부딪쳐 떨어져 죽고 말았어요.
3. 솔거가 벽에 소나무 그림을 그린 절은 황룡사예요. 황룡사는 신라의 진흥왕이 불교를 널리 알리기 위해 세운 절이에요.

1줄 글쓰기

㉮ 솔거는 너무 가난해서 그림 공부를 제대로 하지 못했다. 하지만 남보다 더 많이 노력한 덕분에 신라 최고의 화가가 될 수 있었다.

17 깨달음을 찾아서, 원효와 혜초 76

1. 해골물 2. ①, ② 3. (1) X (2) O
(3) X 4. ㉠, ㉢ 5. ㉠→㉢→㉡→㉣

해설

1. 원효는 밤중에 맛있게 마셨던 물이 사실은 해골물이었다는 것을 알고 놀랐어요. 이 일로 깨달음을 얻은 원효는 당나라 유학을 떠나려던 마음을 접고 신라로 돌아갔어요.
2. ① 원효는 당나라로 유학 가지 않고 신라의 절로 돌아가 불교를 연구했어요. ② 원효는 부처님의 가르침을 백성 모두에게 전하려고 노력했어요.
3. (1) 원효의 노력 덕분에 일반 백성들도 부처님의 가르침을 알게 되었어요. (2) 원효는 부처님의 가르침을 귀족뿐 아니라 백성 모두에게 전하고자 마음먹었어요. 이를 통해 처음에는 귀족들만 부처님의 가르침을 공부했다는 것을 알 수 있어요. (3) 이 글에서 유명한 스님이 없어서 불교가 알려지지 않았다는 내용은 찾을 수 없어요.
4. 혜초에 대한 설명으로 알맞지 않은 것은 ㉡이에요. 혜초는 당나라에서 인도 출신 승려인 금강지를 만나, 그의 권유로 인도로 떠났어요.
5. 당나라로 유학을 떠났던 혜초는 인도 출신의 승려인 금강지의 권유로 인도로 떠났어요. 인도로 간 혜초는 부처님의 발자취를 따라 곳곳을 여행했어요. 그 후 혜초는 인도를 거쳐 서쪽 페르시아까지 둘러보았어요. 여행을 마치고 당나라로 돌아온 혜초는 자신이 경험한 것들을 엮어 책으로 남겼어요.

1줄 글쓰기

㉮ 혜초는 부처님이 태어난 나라에 와서 무척 기뻤을 것 같다. 인도 곳곳을 둘러보며 세상에는 내가 모르는 것이 아직 많다는 것을 느끼고, 이 경험을 꼭 글로 남겨야겠다고 생각했을 것 같다.

18 아름다운 불국사에 전해지는 이야기 80

1. ㉡ 2. ④ 3. ㉠ 불국사 ㉡ 석불사(석굴암) 4. (1) O (2) O (3) X 5. ④

해설

1. 전생에서 김대성의 어머니는 대성의 이야기를 듣고 스님에게 재산을 모두 내놓았어요.
2. '마른 하늘에 날벼락'은 뜻하지 않은 상황에서 불행한 일을 당했을 때 쓰는 속담이에요. ①은 '하늘의 별 따기', ②는 '산 넘어 산이다', ③은 '울며 겨자 먹기'라는 속담의 뜻풀이예요.
3. 불국사와 석불사(석굴암)는 김대성이 현생과 전생의 부모님 은혜에 보답하기 위해 지은 것이에요.
4. 석가탑(불국사 3층석탑)은 백제의 석공 아사달이 만든 것이에요.
5. 아사달이 신라 공주와 결혼한다는 소문이 있었지만 그것은 사실이 아니었어요.

1줄 글쓰기

㉮ 만약 문지기가 아사달과 아사녀를 만나게 해 주었다면 아사녀는 죽지 않았을 것이다. 그리

고 아사달도 아사녀의 응원을 받고 힘을 내서 더 멋진 탑을 만들었을지도 모른다.

19 바다의 왕, 장보고　84

1. ㉠, ㉢　2. ④　3. (1) O (2) O (3) X
4. 청해진　5. ㉠→㉢→㉣→㉡

해설

1. ㉡은 장보고에 대한 설명으로 알맞지 않아요. 장보고가 당나라에서 장군이 된 것은 신분이 너무 낮아 신라에서는 출세하기 어려웠기 때문이에요.
2. 장보고는 신라 사람들이 당나라에 노예로 끌려오는 모습을 지켜볼 수 없어 신라로 돌아갔어요.
3. 장보고는 신분 때문에 신라에서는 성공하지 못할 것을 알고 당나라로 갔어요. 이를 통해 당시 신라 백성들이 공평한 기회를 얻지 못했다는 걸 알 수 있어요.
4. 신라로 돌아온 장보고는 왕에게 부탁해 청해진에 군사 기지를 설치하고 해적을 모두 물리쳤어요. 청해진은 이후 무역의 중심지로 발전했어요.
5. 장보고는 신분 제도가 있는 신라를 벗어나 당나라로 떠났어요. 장보고는 그곳에서 장군이 되었지만 노예로 잡혀 온 신라인들을 보고 귀국을 결심했어요. 신라로 돌아온 후 장보고는 청해진을 설치하고 당나라 해적들을 모두 물리쳤어요. 그 후, 해적들이 사라진 청해진에서 여러 나라를 잇는 무역 활동을 이끌었어요. 하지만 장보고의 힘이 커질 것을 두려워한 귀족들에게 죽임을 당하고 말았어요.

1줄 글쓰기

㉮ 장보고가 바다의 왕이라고 불리는 첫 번째 이유는 장보고가 해적들을 모두 물리쳤기 때문이다. 두 번째 이유는 바닷길을 이용해 무역을 이끌었기 때문이다. 장보고가 바다에서 활약한 덕분에 백성들은 안전해졌고, 신라도 더 부유한 나라가 되었다.

20 당나라에서 꿈을 펼친 최치원　88

1. ㉠, ㉢　2. ①　3. ③　4. (1) X (2) O
(3) X　5. ②

해설

1. ㉡은 최치원에 대한 설명으로 알맞지 않아요. 최치원이 당나라로 떠난 것은 낮은 신분 때문에 출세하기가 어려웠기 때문이에요.
2. 원님은 아내가 사라질까 봐 자기 전에 아내의 발목에 명주실을 감아 놓았어요.
3. 글 전체의 내용을 요약하면 중심 내용을 알 수 있어요. 이 이야기는 뛰어난 능력을 지닌 최치원이 신라의 개혁을 위해 힘쓴 내용을 담고 있어요.
4. ⑴ 최치원이 살던 신라 말기는 신분제 때문에 나라가 병들고, 농민들이 난을 일으키는 등 매우 혼란스러웠어요. ⑶ 신라의 귀족들은 반역을 꾀하거나 백성들에게 무거운 세금을 매겼을 뿐, 신라 사회를 바꾸는 데는 관심이 없었어요.
5. '하나를 듣고 열을 안다'는 한마디 말만 듣고도 여러 가지 사실을 미루어 알아낼 정도로 매우 똑똑하다는 뜻을 나타내요. ① '장님 코끼리 만지는 격'은 일부만 알면서 전체를 아는 것처럼 구는 것을 말해요. ③ '낫 놓고 기역 자도 모른다'는 낫을 보면서도 기역 자를 모를 정도로 아는 것이 없다는 뜻이에요. ④ '서당 개 삼 년에 풍월을 읊는다'는 한곳에 오래 있으면 웬만큼 지식과 경험을 가질 수 있다는 말이에요.

1줄 글쓰기

㉮ 나는 신라에서 6두품으로 태어나 뜻을 펼치지도 못하고, 나라를 개혁하려는 꿈도 꺾이고 말았소. 부디 후손들께서는 신분 때문에 힘들어 하는 사람이 없도록 모두가 평등한 나라를 만들어 주길 바라오.

도움 답안

5주 고려를 지킨 사람들

21 말솜씨로 거란을 무찌른 서희 · 96

1. (1) O (2) X (3) O 2. ④ 3. ㉠, ㉢
4. (1) ㉠, ㉣ (2) ㉡, ㉢ 5. ②

해설

1. 고려와 거란 중 먼저 공격을 한 것은 거란이에요. 거란은 고려가 송나라와 친하게 지내는 것을 경계해서 고려를 먼저 공격해 왔어요.

2. '호랑이에게 물려가도 정신만 차리면 산다'는 위급한 상황이라도 정신만 차리면 위기를 벗어날 수 있다는 뜻을 나타내요. ①은 '천 리 길도 한 걸음부터', ②는 '백지장도 맞들면 낫다', ③은 '돌다리도 두들겨 보고 건너라'라는 속담의 뜻풀이예요.

3. 서희는 치밀한 전략을 세우고 거란의 소손녕과 담판을 짓기 위해 나섰어요. 목숨이 위험할 수도 있는 상황에서 차분하게 전략을 세워, 적군의 장수와 맞섰지요. 이를 통해 서희가 용감하고 신중한 성격이라는 것을 알 수 있어요.

4. 서희는 고려가 고구려를 계승한 나라이며, 여진족 때문에 거란과 가까이할 수 없으니 그들을 쫓아 주면 거란과 친하게 지낼 것이라고 주장했어요. 한편 소손녕은 고구려는 신라를 계승한 나라이고, 옛 고구려 땅은 발해를 무너뜨린 거란의 것이라고 주장했어요.

5. 서희는 뛰어난 말솜씨와 논리만으로 거란에게서 옛 고구려 땅을 되찾았어요.

1줄 글쓰기

㉮ 만약 서희가 이 시대에 태어났다면 뛰어난 외교관이 되었을 것이다. 서희라면 타고난 말솜씨와 논리로 세계 어느 나라 사람이라도 설득을 했을 것이다.

22 될성부른 나무, 강감찬 · 100

1. (1) O (2) X (3) X 2. ② 3. ①, ④
4. ㉡→㉠→㉢→㉣ 5. ③

해설

1. (2) 강감찬은 향리들에게 수숫대를 잘라 소매 속에 넣어 가지고 오라고 했어요. 하지만 향리들은 소매에 수숫대를 제대로 넣지 못해 허우적댔어요. (3) 강감찬은 향리들에게 크게 화를 내는 대신 지혜를 발휘하여 향리들이 자신들의 잘못을 스스로 깨닫도록 했어요.

2. '될성부른 나무는 떡잎부터 알아본다'는 잘될 사람은 어릴 때부터 남달리 장래성이 엿보인다는 뜻의 속담이에요. ①은 '개천에서 용 난다', ③은 '작은 고추가 더 맵다', ④는 '굼벵이도 구르는 재주가 있다'라는 속담의 뜻풀이예요.

3. 고려군에게 패한 거란군이 개경까지 왔지만 마을은 텅 비어 있었어요. 오랜 싸움에 지쳐 힘을 잃은 데다가 먹을 것도 부족해진 거란군은 전쟁을 그만두고 돌아가려 했어요.

4. 고려를 침략할 기회만 노리던 거란은 소배압을 앞세워 고려에 쳐들어왔어요. 소배압이 압록강 근처 흥화진까지 오자 강감찬은 삽교천의 물을 막았다가 터뜨리는 작전을 써서 거란군에게 큰 피해를 입혔어요. 거란군은 남은 군사를 이끌고 개경 근처까지 갔지만 그곳에는 식량도 물도 없었어요. 그때 강감찬은 기회를 노리다가 거란으로 돌아가는 거란군을 공격해 큰 승리를 거두었어요.

5. 강감찬은 일흔의 나이에 거란군에 맞서 큰 승리를 거두었어요. 따라서 어린 나이에 나라를 구한 영웅이 되었다고 한 것은 이 글을 잘못 이해한 것이에요.

1줄 글쓰기

㉮ 고려의 강감찬은 정말 대단한 장수였소. 비록 적군의 장수이지만 강감찬의 지혜와 용맹함은 장수로서 꼭 본받고 싶소.

23 여진족을 무찌른 윤관의 지혜 104

1. (1) O (2) O (3) X   2. 별무반
3. (1) ㉠ (2) ㉢ (3) ㉡   4. ④   5. ㉢

해설

1. 윤관은 원래 문신 출신의 관리였기 때문에 전쟁 경험이 부족했어요.
2. 여진족을 물리치기 위해 윤관이 특별히 만든 군대는 별무반이에요.
3. 별무반은 말을 타는 기병인 신기군, 걸어서 싸우는 보병인 신보군, 그리고 젊은 스님들로 이루어진 항마군으로 구성되어 있었어요.
4. 윤관이 겨울에 전쟁을 시작한 것은 겨울에는 추위로 식량이 부족해지고, 여진족의 기병이 타는 말의 움직임이 둔해지기 때문이에요.
5. 여진족과의 전투에서 승리한 고려는 만주 지역의 땅을 차지했어요.

1줄 글쓰기

㉠ 내가 고려의 장수라면 여진족의 움직임을 감시하는 비밀 군대를 만들 것이다. 여진족이 있는 곳에 몰래 들어가 그림자처럼 숨어 있다가 여진족이 방심하는 틈을 알아내서 공격할 것이다.

24 흙을 먹는 남자, 최무선 108

1. (1) O (2) O (3) X   2. ㉢→㉣→㉠→㉡
3. ②   4. ④   5. ㉣

해설

1. 최무선이 화약을 만들어 내기 전까지, 고려에는 화약을 만들 줄 아는 사람이 없었어요.
2. 고려 말, 왜구의 침략이 잦아지자 최무선은 화약을 만들기로 결심했어요. 최무선은 혼자 책을 보며 화약을 연구했지만 염초를 구하지 못해 실험은 계속 실패했어요. 그 후, 최무선은 벽란도에서 염초 기술자를 만났고 그에게서 좋은 염초를 만드는 비법을 들었어요. 그리고 끊임없이 흙을 연구한 끝에 마침내 화약을 만들어 냈어요.
3. 최무선은 화약 만들기에 계속 실패했지만 포기하지 않고 노력하여, 결국 화약을 만들어 냈어요. 이러한 최무선의 모습을 통해 어떤 일이든 꾸준하게 노력하면 성공할 수 있다는 것을 느낄 수 있어요.
4. 최무선이 화통도감에서 만든 것은 화약을 이용한 무기였어요.
5. 왜구들은 500여 척의 배를 끌고 나타났지만, 최무선이 이끄는 배는 80여 척뿐이었어요.

1줄 글쓰기

㉠ 만약 최무선이 화약 만들기에 실패했다면 고려는 다른 나라의 손에 멸망했을지도 모른다. 화약이 없었다면 수많은 군사를 이끌고 쳐들어오는 적군에 맞서지 못했을 것이기 때문이다.

25 목화로 백성을 따뜻하게 한 문익점 112

1. (1) O (2) O (3) X   2. ㉢→㉠→㉡→㉣
3. ④

해설

1. 문익점이 목화를 심은 첫해에는 단 한 송이의 꽃만 피었어요.
2. 원나라에 사신으로 갔던 문익점은 고려로 목화씨를 가져왔어요. 고향으로 내려간 문익점은 그곳에서 목화를 심었고, 3년 후 목화 재배에 성공했어요. 문익점은 원나라 승려에게서 목화에서 실 뽑는 법과 옷감 짜는 법을 배웠고, 그 덕분에 고려의 백성들이 무명으로 옷을 지어 입을 수 있게 되었어요.
3. 문익점이 처음에 목화씨를 심었을 때는 단 한 송이의 목화꽃만이 피었어요. 하지만 문익점은 실

도움 답안

패를 딛고 다시 도전하여 목화 재배에 성공하였고, 그 덕분에 고려의 백성들이 목화솜으로 따뜻한 겨울을 날 수 있게 되었지요. 이러한 문익점의 이야기를 통해 포기하지 않고 노력하면 좋은 결과를 얻을 수 있다는 것을 느낄 수 있어요.

1줄 글쓰기

㉮ 문익점이 가져온 목화 덕분에 고려 백성들의 생활은 전보다 나아졌을 것이다. 왜냐하면 따뜻한 솜이불을 덮고 잘 수 있게 되었고, 겨울에도 추운 삼베옷 대신에 면으로 된 따뜻한 옷을 입을 수 있게 되었기 때문이다.

한국사 키워드를 잡아라!   114

황	산	몽	강	동	북	조	계	백	박
화	통	도	감	단	군	환	웅	제	초
랑	동	리	찬	군	안	시	성	불	로
광	개	토	대	왕	오	천	축	국	전
김	혁	거	세	검	고	달	최	사	성
로	청	해	진	시	구	조	무	상	강
원	해	효	조	선	려	조	선	만	감
박	혁	거	세	덕	온	달	온	파	야
백	진	신	라	여	조	류	희	식	적
계	대	첩	유	을	지	문	덕	적	덕

한국사 키워드 카드

ㅈㅁ

ㅇㄹㅇ

ㅂㅎㄱㅅ

ㄱㅅㄹ

유리왕

주몽의 아들로서 고구려의 제2대 왕이에요.

★ 키워드 주몽, 고구려

주몽

고구려를 세운 임금이에요. 알에서 태어났으며 활을 무척 잘 쏘았다고 전해져요.

★ 키워드 유화, 해모수, 졸본

김수로

황금알에서 태어났다고 전해지는 가야의 첫 번째 임금이에요. 마을의 촌장들과 백성들은 김수로왕을 맞이하기 위해 구지가를 불렀다고 전해져요.

★ 키워드 가야, 구지가

박혁거세

신라를 세운 임금이에요. 알에서 태어났다는 이야기가 전해져요.

★ 키워드 신라

망부석

아내가 멀리 떠난 남편을 기다리다 죽어서 화석이 되었다는 돌이에요.

★ 키워드 신라, 박제상

연오랑과 세오녀

신라 사람으로 전해지는 연오랑과 세오녀는 바닷가 바위를 타고 대화국으로 건너가 왕과 왕비가 되었다고 전해져요.

★ 키워드 신라, 대화국

서동요

선화 공주와 결혼하기 위해 서동이 만들어 퍼뜨린 노래로, 선화 공주와 서동이 사귄다는 내용이에요.

★ 키워드 백제, 서동, 선화 공주

평강공주

고구려 평원왕의 딸이자 온달의 아내. 온달에게 학문과 무예를 가르쳐 훌륭한 장군이 되게 하였어요.

★ 키워드 고구려, 온달 장군

살수대첩

고구려와 수나라가 살수에서 벌인 큰 싸움이에요. 을지문덕이 이끄는 고구려군이 큰 승리를 거두었어요.

★ 키워드 고구려, 수나라, 을지문덕

광개토 대왕

고구려의 영토를 가장 크게 넓히고 기상을 드높인 왕이에요.

★ 키워드 고구려, 장수왕

계백과 관창

계백은 백제의 마지막 장군으로, 황산벌에서 신라군과 싸우다 죽음을 맞이했어요. 관창은 신라의 화랑으로, 홀로 백제군 진영에 뛰어들어 용감히 싸우다 죽었어요.

★ 키워드 황산벌 전투, 화랑, 삼국 통일

안시성 전투

고구려가 안시성에서 당나라 군대를 물리친 전투예요. 고구려군과 백성들이 힘을 합쳐 안시성을 지켜 냈어요.

★ 키워드 고구려, 당나라, 양만춘

ㅁㅍㅅㅈ

ㅎㄹㅅ 벽화

ㅇㅎ

ㅎㅊ

황룡사 벽화

솔거가 황룡사에 그린 늙은 소나무 그림이에요. 안타깝게도 황룡사가 불에 타 버려 지금은 전해지지 않아요.

★ 키워드 솔거, 통일신라

만파식적

전설로 전해지는 신비한 피리예요. 이 피리를 불면 나라의 모든 걱정과 어려움이 해결되었다고 해요.

★ 키워드 통일신라, 문무왕, 신문왕, 감은사

혜초

신라 시대의 스님으로 인도와 주변 나라를 여행한 경험을 살려 《왕오천축국전》이라는 여행기를 남겼어요.

★ 키워드 왕오천축국전, 통일신라, 당나라

원효

신라를 대표하는 스님이에요. 귀족만이 누릴 수 있었던 불교를 일반 백성들에게 알렸어요.

★ 키워드 신라, 해골물

ㅈㅂㄱ	ㅊㅊㅇ

ㅅㅎ	ㄱㅈㄷㅊ

최치원

통일신라 말기의 학자로, 당나라에서 이름을 날린 후 신라로 돌아와 개혁에 힘썼어요.

★ 키워드 토황소격문, 육두품, 시무책10여조

장보고

통일신라 시대의 장군이에요. 청해진을 세워 당나라 해적을 쫓아내고, 해상 무역까지 장악했어요.

★ 키워드 청해진, 해상 무역

귀주대첩

거란의 3차 침입 때 강감찬 장군이 거란군을 귀주에서 크게 무찌른 전투예요.

★ 키워드 강감찬

서희

고려의 외교관이에요. 고려에 거란이 쳐들어왔을 때 현명하게 협상하여 압록강 유역의 여진을 몰아내게 했을 뿐 아니라, 강동 6주를 설치하여 고려의 땅을 넓힐 수 있게 하였어요.

★ 키워드 거란, 강동 6주

ㅇㄱ

ㅊㅁㅅ

ㅁㅇㅈ

ㅎㅌㄷㄱ

최무선

고려 시대 화약을 이용해 무기를 만든 발명가이자 장수예요. 화약 무기 제조 관청인 화통도감을 세웠으며, 자신이 개발한 화약 무기로 왜구를 격퇴했어요.

★ 키워드 화포, 화통도감

윤관

고려의 명장이에요. 여진족의 침입을 막기 위해 기마 부대인 별무반을 만들었어요. 두만강 부근의 여진족을 몰아내고 동북 9성을 개척했어요.

★ 키워드 별무반, 여진족, 동북 9성

화통도감

최무선은 고려 시대 말, 화약 만드는 법을 알게 되어, 화포를 개발했습니다. 이를 통해 왜구의 침략을 막을 수 있었지요. 후에 화통도감을 맡게 되면서 더 많은 화약 무기를 개발했어요.

★ 키워드 화포, 최무선

문익점

원나라에서 목화씨를 들여와 우리나라에 전한 고려의 학자예요.

★ 키워드 고려, 목화씨, 무명

지은이 **신수정**

경희대학교에서 국어국문학을 공부하고, 강사로서 학생들에게 책 읽기와 글쓰기를 가르쳤습니다. 많은 친구들이 우리말과 친해지길 바라며 <초등맞춤법 특공대>, <초등국어 문법왕>, <오늘부터 초등 독해왕>(전래동화, 이솝우화) 등을 썼습니다.

지은이 **권민서**

경희대학교를 졸업하고 글 쓰는 일을 하고 있습니다. 우리 친구들이 올바른 언어 습관을 익혀 자기의 마음을 편하게 표현하고 세상과 바르게 소통할 수 있기를 바라며 <하루3줄 초등 글쓰기>, <오늘부터 초등 독해왕>(전래동화, 이솝우화) 등을 썼습니다.

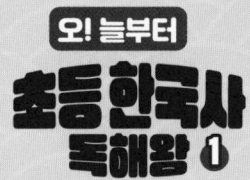

초판 인쇄　2024년 1월　2일
초판 발행　2024년 1월 10일

지은이_신수정, 권민서
삽화_김태형

발행인_이중우
펴낸곳_도서출판 다다북스
출판등록_제2020-000095호
주소_서울시 강서구 등촌로191, 3층

© 신수정, 권민서, 2024

ISBN　979-11-91511-18-5　73910

▶ 잘못된 책은 구입한 서점에서 바꿔 드립니다.
▶ 이 책에 실린 모든 내용, 디자인, 이미지, 편집 구성의 저작권은 도서출판 다다북스에 있습니다.
　 허락 없이 복제, 배포, 전송할 수 없습니다.